我們是真正的朋友

致最好的人生、最好的自己，以及最美的友情

作者—艾米娜托·蘇 Aminatou Sow ╱ 安·傅利曼 Ann Friedman

譯者—林師祺

Big Friendship: How we keep each other close

contents

推薦序

閃耀理論：真正的朋友是激勵一生的正能量

諮商心理師 **李家雯（海蒂）**

一日，豔陽高照的午後，我步出高鐵台南站，搭上派來接我往演講會場去的黑色轎車，當車子通過成大校區時，過往記憶緩緩浮現。

時光回到二〇〇六年，當時的我才剛從美國唸完書，回到台灣考到心理師證照後的第一份工作，就是在成大擔任約聘人員，在這個偌大體系的組織裡，當年的我只是一名小職員，青澀稚嫩，誰也不知道我是誰。而時光荏苒，過了十六年後，我再次通過這曾經熟悉的街道，突然一股清晰感受湧現，強烈地打在腦海：「李海蒂，你已經不是十六年前的那個你了欸！」

現在的我就像是升級改版後的「海蒂2.0」（甚至可說是3.0）。從當年一場一百二十分鐘的演講，會因為緊張害怕而講不到二十分鐘就慌張下台的小職員，進化到現在，每年可以講上百場，面對百人以上的場次也充滿自信，侃侃而談的專業講師；從默默無聞的無名小卒，進化到擁有自己文字作品的寫作者，（而且過程中還從高達三十八％的體脂率，一路變成可以穿進M或S號的衣服裡，較為健康的體態）。當然，不是說這是多了不起的成就，但現在的我，確實能自信地講出自己在心理諮商裡的專業、在文字工作裡的耕耘、在演講與授課裡的努力。

問我升級改版的祕密武器是什麼？答案清晰浮現：「真正的朋友（Big Friends）！」

我何其有幸，這十幾年來總有能支持我，也催化我的「真正的朋友」圍繞身旁，他們總會在最適切的時候，推我一把。當我面對生涯困惑猶豫時，「真正的朋友」會對我說：「有什麼好不敢嘗試的？」他們讓我知道，沒有什麼可以阻礙我；當我面臨失敗，嚴重懷疑自我的價值時，「真正的朋友」會真摯地對我說：「李海蒂，妳知道妳很重要嗎？」然後輕輕地拍拍我的背擁著我，陪著我經歷一切傷痛與難受。

而當我往夢想的路上奔馳時，「真正的朋友」也會緊隨左右，跟我一起熱血沸騰地向前奔跑，不管多累、多痛、多辛苦，我們如同兩人三腳一樣彼此扶持！而每次，明明夢想之路我還沒走到終點，「真正的朋友」就已經在終點線上緊握拉炮等我奔來！真正的朋友總是相信我，比我相信自己還多！

一直以為因為有朋友的支持與相信，使我一路走得安心有底氣，但說不清楚，這背後真正的道理是什麼。直到我翻起了這本書，《我們是真正的朋友》，艾米娜托．蘇與安．傅利曼兩位作者分享了她們在過去這十年來的友誼經驗，並提到了「閃耀理論」，強調人的進步與優化，是因為藉由真正的友誼激勵，讓人能在一段超越競爭、比較、謊言的關係中，互助互補，進而使雙方都邁向更優質與自信的狀態。原來：是我身旁這群真正的朋友，令我閃耀了起來啊！

誠如書中兩位作者之間的情誼樣貌，真實友誼的存在，不是只有在傷心難受時，彼此討拍相互取暖而已，更是在同伴過得好的時候，為他驕傲歡呼。因為群星總是一同閃耀而更顯明亮，而自信的氣場就會在一同閃耀時更加釋放傳遞。在真實的友誼裡，會讓你相信自己就是這麼棒的人，接著彼此砥礪，讓大家都被包圍在這樣濃烈的激勵氣場之中，就好像自信是可以傳染的一樣。

然而人與人也不可能永遠相安無事，毫無衝突的，朋友之間也是。意見不合，偶有陌生尷尬，那是必然，但真正的朋友也會在這樣的自然流動中，自我坦露、澄清核對，打破危機，也界定出更明確的關係界線，更不會過度干涉介入彼此。真正的朋友，是明白彼此的需求，也明白彼此的界線。

感動於此書，將女性裡真摯的友誼（當然我相信男性間也有）描寫得如此清晰動人。也讓我更體悟了，自己的進化與進步，要歸功於我身旁的「大朋友（Big Friends）」。

謝謝妳們，我真實的大朋友！如果不是妳們，我想我不會發光，不會閃耀。我們不是閨密，未必是ＢＦＦ，卻是最重要的「大朋友」，因為妳們的存在，激勵我向前奔馳。我們彼此砥礪，成為優化自己道路上的重要基石。

因為「妳」，使我成為更好的自己，「妳」正是使我閃耀，是激勵我一生的正能量。

推薦序

「珍惜」，是維持友誼的關鍵字

作家 **羽茜**

媽媽需要朋友。

在我的粉絲頁上，我好像不只一次這麼說了。

但是，我是一個夠格的朋友嗎？

有時我也會這樣問自己。

在人生不同的階段，朋友扮演了不同的角色。青春期，朋友變成我們生活的重心，然後是出社會、成為社會新鮮人，那些學生時代的朋友，又成為我們在面對工作時內心強大的支柱，我們和朋友分享生命中重要的時刻：找工作、談戀愛、分手、結婚、生兒育女，或者走出家庭……

和朋友相聚的時光雖然因為生活忙碌而減少，但朋友在我們內心的重要性，比起年輕時代可能還不減反增。

年輕時很容易因為朋友的一句話而吵架或陷入冷戰，步入中年，或許是越來越懂得珍惜緣分，看淡小事。關於朋友，記得的多半是那些曾經在一起開心，或者是難過時，互相說過的鼓勵和安慰的話了。

河合隼雄在《大人的友情》裡說過，其實人世間各種的感情，都是以友誼為基礎的。

就像長久相處的夫妻，很多走到後來也會發展成友誼。熱戀期的心動和激情不再，卻能從每天一起喝茶，分享日常瑣事的時光裡，體會到另一種歲月靜好的平淡和雋永。

但是，雖然友情在我們的生活中從未消失，卻好像也很少出現在我們的視野裡，成為被討論的主角。

愛情、婚姻、親情，我們多半把焦點放在這些關係上，探討怎麼維繫，唯獨對於這世間，幾乎可說是這各種感情的基礎的友情，我們視之為理所當然，很少認真地加以分析。

《我們是真正的朋友》這本書，我覺得是打破了這樣的習慣，讓人眼前一亮的一本真人真事的分享。

作者艾米娜托．蘇以及安．傅利曼回憶了十年來，她們如何相識、成為摯交、共同創業，當然也有面對挑戰，友情瀕臨破裂的時候。

這種時候該怎麼做呢？

如果不想失去一段真摯的友誼，但又清楚地察覺到人與人之間，終究有著不同的出身背景、人生經驗，就像書中最大的危機，在於兩人不同的種族背景，那樣的鴻溝難以跨越，唯恐才一開口，就又是基於不同而勢必會造成的誤解和傷害，那時，到底該怎麼做？

如我在文章開頭所說，我們會自問：自己是個夠格的朋友嗎？怎麼做才叫夠格？愛情和婚姻已經被討論得很多，關於友情如何維繫，卻很少人知道答案。

書中的兩人如何度過危機，在這裡暫且保留作為閱讀的樂趣，但是在過程中，可以看見她們怎麼去思考和面對彼此的「差異」，那些我們其實無論在愛情或親情中，也一樣要面對的事情。

人與人終究不可能透澈了解，也不可能無時無刻不陪伴在對方身旁，但是在精神上，我們依然能夠成為幫助對方走過低潮，最終發光發熱的力量，至於怎麼做，我想一言以蔽之就是「珍惜」。

推薦序

妳有「閨密」或「姊妹淘」嗎？

作家 **林靜如**

除了親人之外，什麼樣的朋友你會把跟對方的友誼，打上星星的記號呢？

其實，過去在求學的階段，我自己的確也交過一些「好朋友」，也曾經跟她們形影不離，連上廁所也要一起去。好朋友之間，也會吵架，也會爭風吃醋，（為什麼你跟她看起來這麼好？）但很快我們會和好，然後把吵過架這件事忘得一乾二淨。

只是，當生活環境不再相同，人生階段不再一致，慢慢地，曾經以為彼此會一輩子要好的朋友，變得不再常常聯絡，有時候因為一個你也記不太清楚的小事，你們之間就淡了。

你也曾經有這樣的感受嗎？

有一度，我不太愛交朋友了，總覺得再好也會散，放感情挺傷心的。

但當有一天，我開始跟某些人，一聊天就笑，一說心事就互相猛點頭，看她過得更好，你為她開心，她受了委屈，你比她還生氣，你們可以聊到不想回家，你們會關心彼此未來有沒有做下一步的規劃，甚至，你想跟她們做好多好多的事，於是，我又想起友情的美好。

在本書中有個「閃耀理論」：如果你不閃耀，我也無法發亮。真的，我有這樣的朋友，我總是為她掛心，她有沒有好好照顧自己。

或許，我們在生活中，會因為付出沒有得到好的回饋而受傷，或遇到總是跟你計較利益得失的人，但真的有些剛剛好適合你的好朋友，在等你去挖掘，然後好好地對待他，跟他一起成長，一起追求美好的未來。

不用擔心是不是會看錯人，或是怕得罪朋友，而不敢做自己。好朋友不是做什麼你都看得順眼，也不是想法都跟你一模一樣，而是那種，有話會好好跟你說，生氣生完會跟你好好談，知道你有缺點會跟你一起讓自己變得更好的人。

如果不知道怎麼找到那個「他」，就去學習或在興趣的路程上尋找吧！當一個人懂得提升自己，自然會有開放的心胸，迎接其他的生命，藉此拓展自身的視野，也能夠包容不同的價值觀，並真心付出，讓雙方的情感達到一個平衡點。彼此能夠做自己，又能做對方的好朋友，都理解人並非完美，友情亦不可能完美，但若你們從不願放棄對彼此的重視，總有一天一定會找到最好的友誼距離。

推薦序

認真對待友情，你絕不會後悔

「Apple's 愛閱札記」臉書粉專經營者 **鄭如惠**

這是一本推薦給朋友，找閨密一塊讀的故事，會讓你知道如何克服障礙，對彼此的友誼更珍惜！

任何年齡都是交朋友的好機會，我們也渴望結交生活圈以外的朋友以拓展視野。結交朋友充滿挑戰和快樂，不只是結識對方，還塑造彼此成為今天的模樣，也讓你成為最好的自己。

友誼就像穩定的呼吸，既自然又重要，需要雙方的努力。健康的友誼是在相處的過程中，真實表達感受和需求。其中難免有高低潮期，不用擔心，這很常見。

只要我們珍惜，也願意花心思灌溉友誼，當碰上難題，就一塊尋找解方，我們可以從中得到啟發，也獲益良多。

這些過程中的挑戰，當下不見得有趣，但當我們回顧過去，就會發現這讓我們更強大、更睿智、更有彈性。

活躍的友誼需要積極的維護，不能只是往後靠，要不斷付出，找到火花，投入面對面的時間經營感情，對彼此直言不諱。

朋友會影響我們的品味和情緒，彼此散發出的風格、氣質、個性，是讓兩個人成為好朋友的關鍵吸引力。

朋友也是我們最親近、但沒有血緣的家人，是彼此的發光源。如果你不閃耀，我也無法發光。

美好的友誼能讓你真正了解自己，塑造自我，改變人生。我們彼此關心，仔細傾聽彼此的故事；也共同打造共度的人生，一起攜手合作，自信地散發光和愛，走得更遠，過得更開心。

認真對待友情，絕對不會後悔。

真心感謝朋友並肩而行帶來的希望、光明、關懷和歡樂。

前言

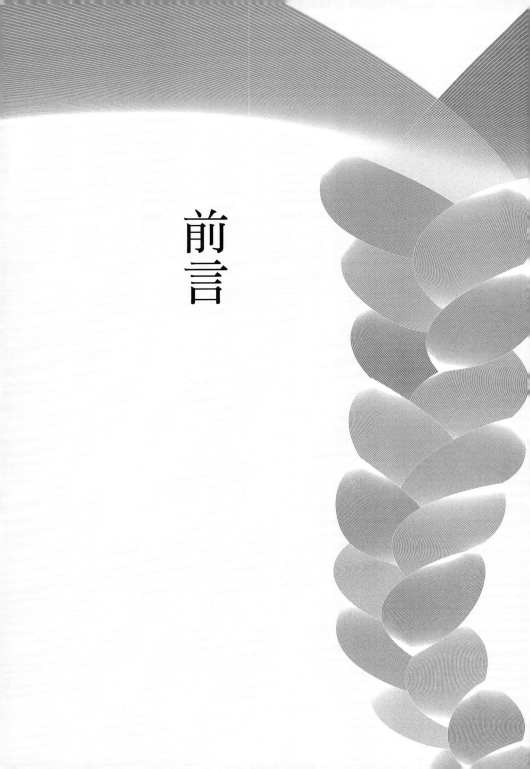

我本來應該有個很棒的週末。

水療中心的入口是白色修道院風格的建築，入口是寬敞的拱門，上面有「天然浴場」的浮雕字樣。門後才是真正引人入勝之處，有座水蒸氣冉冉升起的巨大溫泉。四周環繞著丘陵、棕櫚樹。

北加州的太陽落入松林時，我們兩個女人分別坐在床上，旁邊是如詩如畫的木造小屋。我們都穿著蓬鬆的白色浴袍。安打電話叫了披薩和凱撒沙拉，艾米娜托正在挑電影。接下來四十八個小時，唯一的行程是一系列的共同美體療程——還有充裕的時間可以在泳池裡漂浮。

我們在行前發送的電郵寫滿驚嘆號和各種承諾。「我一定要做泥巴浴，但不確定要不要做身體磨砂。也許再做個臉？」「哇，還包括泥巴浴啊！」「為免費的泥巴浴乾杯！也為這趟小旅行乾杯！」我們一到目的地，就傳簡訊給沒能前來的共同朋友：「我在納帕美療中心向你問好！」我們在社交媒體上發布與動物花紋鞋子相匹配的可愛照片，以及陽光在三十三度的天然溫泉水面閃爍的美景。

表面上看來，我們就是健康、富有、享受著豪華假期的女性。這是典型的「女子旅行」。在二十來歲彼此剛認識時，窮巴巴的我們就夢想擁有這種奢華假期。相識這麼多年，許多職場上的抱負已開花結果，生活步上正軌，我們在水療中心的悠哉時光就該像照片呈現的氛圍，閒適而愜意。

但實際上，我們慘到極點。

我們「假裝不痛苦」，結果搞得自己痛苦不堪，彼此都因不肯敞開心房而感到孤單。才相聚幾小時，這趟旅行已經像尷尬的家族聚會或悲傷的夫妻出門度假，是為了恢復淡薄的情誼而刻意共度的旅行。我們不是浪漫的情侶或疏遠的家人，但這段友誼的重要性不亞於此。

我們五年前相識，很快就成為彼此生活中不可或缺的一部分。你知道歐普拉在節目上談到蓋婭[1]的片段嗎？（「她是我從未有過的母親，是每個人都想要的姊妹，是每個人都值得擁有的朋友，我不知道還有誰比她更好。」）我們珍惜彼此的程度就是這麼感人。對方的祕密、喜歡吃什麼零食，我們都瞭若指掌。多數朋友都認為我們是密不可分的死黨，我們還一起主持播客[2]，所以很多陌生人現在對我們也有同樣的看法。以前我們之間毫無勉強的感覺，也都很樂意成為對方人生的重心。

---

1 Gayle King，美國電視名人，與歐普拉・溫弗蕾（Oprah Winfrey）交情匪淺。
2 「打給閨密」，https://www.callyourgirlfriend.com

但過去這一年，我們卻漸行漸遠。這次旅行就是承認友誼正在分崩離析，我們希望花點時間聯絡感情、享受膚淺的奢華美療，藉此挽回往日情誼。

第二天吃早午餐時，我們死命找話題。前一晚，我們很快就決定待在小屋裡看電影，因為這幾個小時就不必小心翼翼地篩選要分享哪些事情，畢竟我們都不想提到太沉重的話題。但現在是大白天，我們面對面坐著。我們聊到天氣、食物、水療之後如嬰兒般滑嫩的膚質。就連打趣說笑都覺得勉強，我們知道，彼此還沒自在到可以聊深入的話題。

後來我們去洗免費的泥巴浴，在對方面前脫衣服竟然會覺得害羞，這還是頭一回。之前我們已經一起泡溫泉或進二手衣更衣室無數次了。

坐進各自的浴缸，艾米娜托放鬆地呼出一口氣時，瞥見安正在和熱水搏鬥。（基本上，安是蜥蜴，她要不就是冷得半死，要不就熱到像快被煮開。）艾米娜托比較常泡溫泉，她想到自己忘了提醒安，泥巴浴非常燙，而且有引發幽閉恐懼症之虞。艾米娜托並非存心不說，但她相信，以往友誼更深厚時，她一定會記得事前先問安能不能接受。突然間，艾米娜托沒那麼放鬆了。

這如同暗喻我們之間失調的互動。

那天晚餐，我們承認彼此越來越疏遠，也希望能加以改善，席間還數度出現尷尬的沉默。以往我們對彼此的大小事知之甚詳，但從幾個月前開始，我們不再知無不言，言無不盡。安沒有談到她的財務困難，也沒提到她即將結束遠距離戀愛，但又覺得搬去與男友同居很糾結。回程途中，艾米娜托才告訴安，她已經和心儀的男子交往**好幾個月**了，而這卻是安第一次聽說這個人。

回家途中，我們告訴自己，兩人的友誼已經回溫。這是進步，我們又回到友誼就像穩定的呼吸，既自然又重要的階段。我們都以為，**至少我們向對方坦承，友誼需要雙方努力。這是個開始**，只不過我們都沒說出來。藏在我們心裡的真相是：我們擔心這次旅行，因為風景優美又沒有外界干擾，只會更凸顯我們有多生疏。果不其然。

我們不知道該如何描述我們友誼的變化。

如果你聽過我們的播客（Podcast），現在可能已經開始尖叫。不僅因為我們是女人，對所有事情都有很多意見，也因為做這個節目前提就是我倆堅不可摧的友情。（要保持性感，但不要為了節目收聽率偽造友誼！）你可能會覺得自己被耍了，但其實任何長遠的親密關係都很複雜，例如我們的友誼。更準確的說法是，我們幾個月以來假裝一切安好。但顯然並非如此。

這不是我們第一次找不到詞彙描述彼此的互動、友誼的里程碑和關係時好時壞的狀態。以往我們找不到世俗標籤形容這段友誼時，往往會自創詞彙。我們珍惜，也願意花心思灌溉友誼，我們為這樣的重大決定創造獨特的論述。（就是所謂的「閃耀理論」〈Shine theory〉。從「維多利亞的祕密」到瑞絲・薇絲朋都採用過這個好點子。）我們把混亂、美麗、錯綜連結的社交團體稱為「朋友圈」。我們向來擅長找到適切的方法描述友誼。

但要為友情的低潮找到合宜的說法就難多了：覺得自己比對方更沮喪；即使是最要好的跨種族友誼也無法彌補的鴻溝；就算努力聯繫感情，卻不由自主地會拒絕彼此的互動；在感情變質的長期友誼中尋找真正和諧所耗費的心力。我們甚至不知道該如何形容我們這種友誼。我們對這段關係的成熟感情經營，不是「閨密」或「ＢＦＦ」（終生摯友）這類詞彙可以描述的。

我們現在稱之為「真正的朋友（Big Frendship）」，因為這是人們一生中最真實也最複雜的關係。

真想說我們從悲慘的水療假期回家後，很快就修復關係，恢復傳奇友誼。然而我們花了很長的時間，中間還穿插許多失敗的一步。五年後，我們依舊不確定如何在對方的人生中屹立不搖，仍然繼續搜尋合宜的詞彙。老實說，我們很同情那兩個各自被困在泥巴浴缸中悶悶不樂的自己，也理解我們為何難以釐清當時的困境。就文化層面而言，有許多訴說友誼是如何美好、如何重要的漂亮話，但卻缺乏足夠保護珍貴友誼的社會外援。即使像我們這樣深刻而長久的友情也需要呵護，有時還需要修復。

我們如何從彼此生命中最重要的人，後來形同陌路又重新交好呢？**怎麼會有人願意忍受折磨，就為了長久維持錯綜複雜的友誼？**

這就是我們要告訴你的故事。

我們用一個敘事者、一條主軸講述故事，你才會確定，嘿，**我們仍然是朋友**。（確實也是如此！）我們想出如何以「我們」的敘事角度分享故事，也幫助我們找到兩人經歷的重疊之處。當然，我們之間有明顯的差異，有時經歷也各不相同。這時，我們就以「艾米娜托」和「安」自稱。

我們之所以分享自己的故事，不是覺得自己特別。恰恰相反。我們花了這麼多時間檢視這段友誼，是因為我們認為這段關係的高潮和低谷都很常見。希望你不會認為我們是專家（你很快就會發現我們不是的原因），而是兩個深愛對方的人。十年來，這兩個朋友在這段友情當中仍舊得到許多歡樂，也碰上許多難題。兩人一起尋找語彙，探索如何描述友誼的無限可能和痛苦考驗；兩人反覆思量該如何成為一輩子的朋友。

我們向對方講述這個故事時，得到啟發，也獲益良多。現在能有機會告訴你，我們深感榮幸。

第一章

火花——友情的化學反應

如同所有偉大的美國愛情故事，我們也是在舞會上認識的。好吧，事實上是《花邊教主》的畢業舞會[1]。那是二〇〇九年，沉迷通俗文化的人，都愛這部講述曼哈頓私校富家青少年故事的芭樂肥皂劇，我們也是忠實粉絲。我們共同的朋友黛歐找大家去看電視，我們受邀去她和室友同居的華盛頓特區老舊排屋，在半圓形破舊沙發上一起看這些灑狗血的情節。

艾米娜托認得電郵邀請函上的幾個名字，其他人則素昧平生。要和這些自成小圈圈的團體見面，有點教人心生畏懼，但她也知道，要交朋友就得出門，主動參加活動。況且她剛好有合適的衣服：大學好友布萊妮幫她做的T恤，衣服上就寫著影集裡最愛惹事的一對「查克+布萊兒」。

那天晚上，安立刻注意到艾米娜托的衣服，敬佩她對派對主題如此投入。當安啜飲曼哈頓雞尾酒——這是向影集背景致敬，也是黛歐搭配《花邊教主》的品味而選擇的「時髦」雞尾酒——她發現，艾米娜托對影集情節的反應最活潑生動。安已經習慣朋友都在媒體與政治領域工作，她常聽到各種毒舌評論和戲謔打趣。但是那晚，艾米娜托說的每句話都讓安印象深刻，每個笑話都讓她笑得特別開心。

「你們是怎麼認識的？」我們參加聚會時，最喜歡拿來炒熱氣氛的問題，就是問某對朋友如何認識對方。戀人可能最常被問到這件事，但締造友誼的故事也同樣震撼人心。如果這些朋友對自己的故事特別滿意，臉上會掠過興奮的神情。即使人們不太願意開口，但只要稍加鼓動，通常就會坦承在結識對方之前，對另一個人的看法。我們喜歡聽朋友一起聊彼此相識的過程，他們互相搶話，補充遺漏的細節，又或快問快答似地敘述熟悉的記憶。

從人們談論朋友的方式，我們可以了解這個人。從他們對當年如何成為朋友的共同敘述中，我們也了解那段友誼。他們是如膠似漆的新朋友？還是已經認識幾十年？曾是戀人嗎？他們敘述的熱衷程度是否有些失衡，其中一個比另一人更投入嗎？當他們說故事時，就能看出以上特點。

我們如何成為朋友的故事已經講了幾十遍，可愛的邂逅被我們說得彷彿只是運氣好，其實我們可能終究仍會結為好友。

艾米娜托的公寓離安的家只有十五分鐘的步行距離，彼此的工作地點只隔幾條街。

1 這個影集有許多畢業舞會內容，讓我們結識的那一集是第二季第二十四集的「谷區女孩」。

雖然我們相差三歲，但也都才二十多歲，朋友圈也重疊。我們同一天晚上參加同一個聚會，因為我們有很多共同朋友——包括黛歐。

安早一年認識黛歐，她很快就注意到對方勇於發表意見、笑點低，還有一個絕美的手提包。提到手提包似乎很蠢，但同齡人——都是薪水極低的政治記者——只有帆布提袋和後背包。沒人有精緻的皮革提包。總之，無論黛歐要去哪裡，安都跟定了。她們兩人很快就定期與同一群人共進晚餐，或擠到有訂有線電視的朋友家客廳裡。黛歐擅長閒聊，精力無窮，可以把無聊問題如「最近工作如何？」轉成激烈的哲學辯論。

週六晚上的朋友家聚會總是無聊透頂，安通常會先去黛歐家，坐在一堆她決定不穿的衣服上面，啜飲威士忌，等黛歐著裝完畢。「如果穿了褲襪，裙子就不嫌短。」某次在隆冬時分，黛歐一邊高聲說，一邊套上迷你裙。只要在黛歐身邊，安就覺得該做筆記寫下她信手拈來的搞笑金句。

這時艾米娜托也在工作場合認識了黛歐。或者該說，她知道黛歐這號人物。艾米娜托是某個智庫的職員，經常在櫃檯接待訪客，而黛歐是那裡的研究員，所以她只是偶爾來辦公室。她們還沒碰過面，但艾米娜托已經不止一次被人喚為「黛歐」。艾米娜托對此很惱火，但她也想見見這個有著奈及利亞名字的神祕黑人女子。她們後來終於見面，一起吃拉麵，對別人誤認彼此也露出會心一笑——她們一點兒也不像。兩人討論非裔移民散居全球，發現她們都喜歡同樣的外國電影和音樂。這段友誼顯然有譜。

喔，天啊，妳一定要見見我的朋友安，黛歐心想。幾週後，她發簡訊給安，通知要約大家一起看《花邊教主》。

黛歐：我真的非常喜歡這個艾米娜托。

安：我很高興能見到艾米娜托．蘇[2]。那個女生幾乎認識我所有的朋友，我卻沒見過她。

黛歐：她棒透了。妳看《花邊教主》嗎？她很迷這部影集。

計畫就此誕生：黛歐要辦電視趴，還要邀請艾米娜托。「這件事多少帶點『幸好一切如我們所料』的運氣，」黛歐多年後告訴我們。「但我事後仔細回想，人為助力也扮演重要角色。」黛歐比我們更早知道，我們需要成為彼此的朋友。

2 作者註：艾米娜托 Aminatou Sow 的名字發音為 ah-mee-NAH-too soh，黛歐 Dayo 的名字發音為 DIE-oh。而安 Ann Friedman 的名字發音為 an-FREED-man，發「a」這個音的時候要帶重鼻音，用美國中西部北方的口音。

那晚我們在黛歐家結識，之後卻難以想起認識彼此之前的模樣。不僅因為年代久遠，還因為我們在各方面都改變了對方，從深遠影響到不易察覺的小地方都有。我們那晚不只是結識對方，還開始塑造彼此成為今天的模樣。雖然我們有足夠的自信，知道即使人生未交會，彼此也會過得很好，但我們無法想像那會是什麼樣的光景。我們的命運已經難分難捨。

這種密不可分的感覺就是「莫逆之交」的特徵。身為人類，認識和深愛的人會徹底影響我們。日復一日，朋友影響著我們的品味和情緒。長遠看來，他們也會影響我們對自己體型的看法、消費的價值觀，以及我們的政治觀點。我們回應對方會有所成長，這種成長是刻意栽培，也是無心插柳。

每一次可愛的邂逅背後都有個感人的起源故事，可以回答更深層的問題。不是「你們是怎麼認識的？」而是「你們彼此的關係為何如此密不可分？」

「在朋友家認識」是我們對陌生人講述的表淺敘述，真正的起源是我們在兩人都稍感迷惘的時期結識，都在摸索如何設定方向，以達成各自的理想目標。然而我們也都比對方更早了解她想成為什麼樣的人。

遇到艾米娜托的四年前，安到舊金山從事生平第一份雜誌社工作。她是負責事實查核的短期雇員，那份左派刊物以調查性報導著稱。（其實這是實習工作，只有微薄津貼，安用一年前從事非新聞業工作的儲蓄貼補生活。）當時她馬上覺得這個工作太適合她了。她喜歡坐在會議室的角落，聽編輯爭論哪些話題值得刊登、說明為何要請人撰寫哪些報導。她結識幾個事實查核部門和募款、行銷部門的女同事，她們會一起去喝酒、跳舞。她甚至還愛上了公司的記者，並且與其交往。安和男友週末時會做披薩，或開上一號高速公路來個一日遊。晚間，她經常沿著城裡高低起伏的丘陵坡道，走回她在阿拉莫廣場公園附近分租的維多利亞樓房小房間，因為她喝了薑汁威士忌感到微醺，飄飄然的讓她錯覺自己已漸漸把人生過成夢想的模樣。然而她知道這種日子不長久——畢竟她靠吃豆子罐頭維生，連下一份工作在哪裡都不確定。但舊金山對她而言，閃爍著遙不可及的魅力光采。

在這個美好的實習工作接近尾聲時，安透過人脈安排，成功約到關鍵人物喝咖啡，討論灣區某個線上雜誌的全職工作。這件事簡直是個小奇蹟，因為加州的媒體職缺極少。她從幾個年輕女子那邊聽說這份工作的主管是怪物，可是她沒有資格挑三揀四。當她到了咖啡館，那位上司立即對她的身材發表怪異評論，證實傳聞不假。（「嗯……高個子女性喜歡戴大墨鏡嗎？」）那次的會面氣氛輕鬆，安收到錄取通知前，根本沒想到那天就是面試。她忽略「就。是。可怕。」的明顯信號，所以迅速答應，因為四萬美元的年薪遠超過她所能理解的範圍，而且工作專業度大幅提升：她負責撰寫標題和編輯短文。跟這些夢寐以求的美好相比，新上司能有多糟？

但專業建議是：如果你在一場非正式的會議上被嚇到了，而且根本沒有意識到這其實是場工作面試，那就**快逃吧！**

在好色的惡霸底下工作，糟糕程度遠超過安的想像。在一個月後的業績考核中，上司質問她為何拒絕與他討論私生活，還語帶威脅地說：「妳知道，多數新人都努力**討好**老闆。」（多年後，此人得到報應。廣播節目「美國眾生相」（This American Life）有一集就是講述他的不當行為。）安無法想像繼續當他的下屬，但她不知道還能上哪兒找工作。

接著安的男友搬到華盛頓特區，在某家政論雜誌社開始做頗具名望卻低薪的差事。她搬到另一棟維多利亞式住宅的分租房（那年安共搬了三次家），必須把手機整個貼在窗戶上才能和他通話，因為她的臥室是訊號死角。男友轉述他與新朋友的對話以及他們才懂的笑話，那群人都是年輕記者。安得逼自己才笑得出來。

她在舊金山找新工作時，男友插手幫忙。華盛頓特區有一家雜誌社招聘他去當初階編輯，他打算回絕，並推薦安應徵這個職位。就某方面而言，這是一種解脫：在加州找工作是噩夢，她也懷念和男友住在同一區的日子。老實說，她熱切希望證明自己的工作能力。

但是安擔心她不夠了解法令政策，無法在政治新聞界立足，也擔心雜誌社是看在男友份上才同意面試她。（她光想到這事，就覺得顏面無光。）況且那個職務的年薪幾乎比她現在的工作少了一萬美元。此外，要告別加州和朋友，她也捨不得，這些人在短時間內已經成為她的摯友，但最後她決定，應徵看看也無妨。面試成功之後，似乎也只能答應。她向惡霸老闆提出兩週後要離職，他當著她的面摔門。她向加州的朋友們保證，頂多只去華盛頓一年。這種職涯想法真不切實際！但安只能用這個說法說服自己搬家。

當安驅車往東穿越美國時，因為裝載著俗世的物品和不斷高漲的恐懼，老舊的綠色本田車越發沉重。她多次想說服自己放棄都失敗。就工作而言，她確信這是個好選擇；她也認為這個決定對她的遠距離戀情會有幫助。就各方面來看都說得通，只有一件事除外：她不想和一群迷戀身分地位的前辯論冠軍瞎攪和。安向來關注政治，高中時期也參加過辯論社團，她還沒抵達華盛頓，就自覺**紆尊降貴**。搬家是她的選擇，只是選得不甘不願。所以她去的時候老大不開心，就像受罰的幼稚園小朋友：雖然不得不聽話，但卻自以為了不起。

安轉任的雜誌社創辦人和資深編輯都是年長男性，他們樂於稱讚或照顧她的男同事。她自覺必須格外努力，意見才能上達天聽。每週有幾天下班後，二十多歲的年輕人（偶爾外加一位稍年長的男編輯）會去對街的廉價酒吧喝打折啤酒、吃雞柳條。安覺得這就像加班，而不是下班的放鬆時刻。她可以自己決定是否要參加，但去了就會搞得筋疲力盡，回家之後往往更孤單。儘管如此，與其檢討她面對新生活的心態本來就很糟糕，不如歸咎職場環境、城市本身等原因還更輕鬆。她寫信給大學好友：「我很不安，不知道這個競爭激烈的新聞工作是否適合我？（如果不適合，那什麼工作才是對的？）我開始覺得，應該徹底遠離東岸。」她怎麼可能同時覺得職涯發展得太快又太慢？

但是，考慮到社會大環境對她這行的悲觀預測，能有一份工作，她還是心懷感激。安堅持不懈，慢慢晉升，開始負責編輯紙本雜誌的長篇報導——有鑒於美國當時正處於重大經濟衰退，這已經算得上是小奇蹟了。她整天按捺著性子，編輯的社論盡說這次經濟崩潰其實是「推動新政策千載難逢的機會」。安也在兼差工作中找到慰藉，她幫女權主義部落格寫稿，發表對於兩性工資差距的憤怒，還想知道教皇是否樂見外界侵犯隱私地控管他的身材。此外，她還花很多時間瀏覽存在公司電腦裡的加州照片資料夾。

她始終不適應這份工作。但做了幾年之後，安有了真正喜歡和尊重的同事，也學會如何劃分界線，避開公餘時間喝啤酒辯論政治的社交活動。她和男友搬進一室一廳的小公寓，儘管地上鋪了整面的破舊地毯，每年秋天窗外還會飄進令人作嘔的銀杏味，整體而言仍頗舒適。

安已經不是初來乍到，也在職場之外認識一些好朋友，他們可以一起去欣賞音樂表演，或到維吉尼亞郊區逛舊貨商店，那裡可是二手絲綢和皮裙的金礦。對安而言，有些人，例如黛歐，已經從工作上的熟人變成真正的朋友。安的大學閨密拉拉甚至還搬到她的住處附近。拉拉天性好奇，也因此幫助安重新調整對特區的看法。拉拉從不討論公事，喜歡跳舞，如果想逛博物館一定可以找她同行。最重要的是，她住得很近，某天安沒穿鞋時不小心把自己反鎖在公寓外，只好穿著襪子走到拉拉的家。

因此，當安回覆黛歐說要籌辦《花邊教主》電視之夜時，情況已經比她三年前剛來時好多了。但她仍舊想念在舊金山的朋友，而且她覺得自己即將遭到拋棄：拉拉就快要辭職搬走了。沒錯，安住在華盛頓特區，但那裡沒有家的感覺，就某種程度來說也永遠不可能。她的美好回憶不是走在寬闊的對角線大道，也不是從辦公室窗戶往外望，甚至不是晚上去黑貓酒吧汗流浹背地跳舞。她對這座城市的依戀是因為她在那裡結識的人，特別是其中的某個人。

認識安的兩年前，艾米娜托來到華盛頓時是剛從德州大學畢業的國際學生，她懷抱著遠大夢想，手中的預算只夠支付一個月房租和幾瓶廉價啤酒。畢業典禮當天，有個朋友說：「大環境的經濟出狀況，以前畢業之前就有好幾個工作機會。」

但艾米娜托不太擔心會找不到工作，她的計畫是無論有沒有工作，都要搬到華盛頓。艾米娜托一直自認會追隨父親的腳步，從事國際政策工作。她大學主修政治和中東研究，她很欣賞華盛頓特區散發的國際都市氛圍。她向來喜歡當地的建築，因為它就像十九世紀歐洲人建造的美國城市。艾米娜托高中獨自去特區旅行時，就夢想能在那裡生活，暗自許諾成年之後一定要回來。

她很快就在杜邦圓環[3]的集合住宅找到落腳處，杜邦圓環位於特區西北部，是風景優美的社區，到處都是漂亮的大使館。她搬進迷人的黃色連棟排屋的小房間，因為執意睡雙人床，結果床榻大到占據了整個房間，剩餘的空間只夠放一面全身鏡。優先事項都打點好後，她就利用每一吋牆面做書架，連床頭也不放過。

她的室友們彼此原本就是好朋友，艾米娜托就像多餘的第三者。她們經常去酒吧，偶爾也一起吃飯，但艾米娜托和她們並不特別親近。她在華盛頓只認識幾個人：幾位大學女同學和一個在寄宿學校比她成績好的男孩，他現在為某個邪惡到滑稽的議員工作。艾米娜托搞不懂，以前她從來不覺得適應環境是件費力的事，現在卻難如登天。但社交生活就留待未來操煩吧！首先，她得趕緊找工作。

她的大學朋友說得沒錯，大環境的經濟狀況確實詭譎。艾米娜托應徵了上百份工作，這樣說真的不誇張。參議員約翰．凱利辦公室同意雇用她去實習，但當她發現那是無給職時，不得不加以回絕。「其他人是如何擔任全職實習生又能養活自己的？」她不斷問自己。

她比多數人更急著找工作。艾米娜托進大學時是拿學生簽證進美國，現在畢業了，

3 Dupont Circle，華盛頓特區的熱門住宅區，生活機能發達。

很快就需要雇主擔保她能繼續留下來。國際學生可以拿到為期十二個月的許可，也就是「實習申請」，文件一核准，即刻生效。如果要在美國留得更久，艾米娜托需要H－1B工作簽證。所以她要與移民局的時間賽跑，找到一個願意雇用她的雇主，並向政府申請讓她留在美國。這是艱鉅的任務，何況大多數美國人都不了解自己國家的移民法。

就算艾米娜托有幸得到面試機會，簽證問題也是一大障礙。她慢慢意識到，勸說雇主不成問題，但她搬到了一個以金錢和家庭關係為基礎的城市，而她這兩者皆無。

不過，她不氣餒。她在巴洛克風格的玩具店找到臨時工。雖然這份工作無法解決簽證問題，但至少可以支付房租。當時正值中國含鉛玩具被召回的高峰期，美國家長提防所有貼著「中國製」標籤的東西。這家玩具店老闆進口了艾米娜托從小玩到大的極簡法國木製玩具，並在標籤的價格後面多加了幾個零。好個美妙的騙局。

在玩具店的那段日子很無聊。她無法靠包裝禮物挽救人生（即使是現在也不能），而且顧客們都是一副高高在上的高傲姿態。這份工作可以支付帳單，但艾米娜托經常因為沒錢搭公車，必須步行將近三公里去上班。雖然她很憂心，但她不斷找工作，樂觀地認為她隨時可能受到命運之神眷顧。

在一年的實習許可時間幾乎過了一半時，某個智庫聘雇她擔任一點都不光鮮亮麗的行政人員。年薪是兩萬八千美元，當她把薪水談到三萬兩千美元時，她感到無比自豪。這份收入剛好夠支付房租和帳單，週末還能多買一瓶龍舌蘭酒。她步行上班，途中會經過修剪整齊的公園和美麗的大使館。她覺得自己很富有！艾米娜托認為，她會從櫃檯工作人員晉升到推廣政策的職位——他們保證絕對有可能——從此職涯就會一帆風順。（當你知道這個由天真的千禧世代所策劃的世界統治計畫並未成功時，一定不會覺得驚訝。）

她的工作內容主要是發送郵件和輸入資料，沮喪的是，無論她問公司裡的任何人，他們都沒有重要的工作可以指派給她。櫃檯工作意味著人們總想把瑣碎的差事丟給她，但她都拒絕了，並提醒他們，端咖啡不是她的任務。年齡相近的同事都不把她當成他們的一員，還故意「忘記」邀請她去喝酒，不過她不介意，那些同事都很無趣，而且不把公私混為一談似乎也是好主意。

直到她認識瑟西兒。

儘管艾米娜托在當地「較時髦」的智庫工作，周遭仍舊充斥穿著不合身西裝的男人和成套開襟毛衣的女人，然而，真正的問題不是穿著打扮。華盛頓很有意思，也不乏打扮入時的人，只是當艾米娜托拿金融法規如何反映獨立音樂趨勢開玩笑時，卻沒有一個同事笑得出來。直到她在影印室碰到一頭粉紅色短髮，後面頭髮有一小撮留長的女人。瑟西兒說自己的造型是「塞拉耶佛時尚」時就把艾米娜托迷住了，此後她們兩人形影不離，互稱對方是「親愛的」，還聯手創建第一個與文化相關政策的「書呆子部落格Orszagasm.com[4]」。是的，這個部落格就是為二〇〇九至二〇一〇年美國管理預算局（Office of Management and Budget，OMB）英俊健壯的局長彼得・奧薩格[5]所設。標籤詞就是：「把『老天兒啊』（OMG）放回『管理預算局』（OMB）」。

瑟西兒聰明得嚇人，也很搞笑。她善解人意，從未讓艾米娜托因為自己的經濟拮据或在櫃檯工作感到難過。兩人認識不到一年就一起租屋。（自助搬家服務的蕾絲邊老梗[6]，對瑟西兒和艾米娜托的友誼毫無影響。知道又怎樣？）瑟西兒的薪水也不特別高，但她們合資過起自認愜意的生活。多年後，兩人自豪地說：「我們很窮，但家裡一定有第四台！」（請注意：這是奇糟無比的個人理財行為！趕快切斷有線電視，去吃真正的食物，而不是每天中午分食連鎖速食店Five Guys的薯條。）

她們有一群常聚會的朋友。通常在週四到週日之間，艾米娜托會固定發電郵，邀請大家碰面瞎攪和。（週一到週三是緩解宿醉和休息日。）他們偷帶酒參加國家藝廊的露天爵士音樂會[7]，晚上走訪各大紀念碑，看遍在「九點半夜店」[8]所有樂團的演出，日子過得很有意思。艾米娜托和瑟西兒幾乎同進同出，形影不離。兩人很快就投緣，因為她們都不覺得會永久定居華盛頓首府，因此艾米娜托已有心理準備，瑟西兒有天終將離開。她將這種焦慮的情緒轉化成認識新朋友的動力。

所以她點開黛歐邀約去看《花邊教主》的電郵時，立即回覆說她會去。

後來她坐在安旁邊的沙發上。

♡

我們很幸運，兩人同時期在相同的城市落腳。故事即將揭開序幕。

我們在二十多歲相識並非巧合，事實上，當時仍是交友的黃金時期。之前多數友誼

4 作者註：可惜這個部落格已經被撤下，但《經濟學人》指出「這個部落格……致力於記錄這位非典型情聖的事蹟，而此人手持一台計算機，身上掛著不只一台黑莓機，竟然是兩台。」

5 Peter Orszag，匈牙利裔美人，民主黨。

6 U-Haul lesbian，U-Haul是美國自助搬家服務公司，這個詞的意思是，女同志自嘲剛認識新對象沒多久就想和對方同居。

7 National Gallery的雕塑花園每年夏天都會舉辦露天音樂會Jazz in the Garden。

8 9:30 Club，華盛頓特區的夜店兼演唱會場地。

都在機構團體的範圍內建立，例如家庭、學校、職場，其實我們也都交到好朋友。（當然，這不是通則。有些人在兒童和青少年時期過得很痛苦；有些人則嚴格約束自己不能在工作場合交朋友。）我們都渴望結交生活圈以外的朋友。內心深處，我們都想脫離舒適圈，創建自己的五湖四海。

一般大眾認為，人們隨著年紀增長也會失去交友的欲望。人們結婚、生子，從事繁重的工作，看著閒暇時間不斷減少。他們選擇集中注意力在已認識的親友身上，而不是認識新朋友。但是即使面對人生的重大事件，人們也會環顧四周，希望身旁有更多情深意重的朋友陪伴。

根據我們的經驗，在過渡期——無論身處任何年齡——都是交朋友的好機會。我們每個人都容易在生活發生變化之後，奠定最深切的新關係，例如換工作、結束一段戀情，或是搬到新城市。對我們而言，結交同樣也在尋尋覓覓的人，總好過擠進關係本來就緊密的小團體裡，或結識已長久在當地深耕的人。我們剛認識時，都焦躁不安，害怕失去可能搬走的閨密，難以預料未來的發展。

當然，有時我們對新朋友格外傾心，因此空間、時間和環境都不會造成阻礙。我們在行事曆上（和我們心中——喔～～）找到先前都未察覺仍有的空檔，理由多半是因為我們非常投緣。

這裡說的是最初那種「叮！」的感覺。因為強求不來，所以格外神奇。你可能和某人同事多年、在學校始終同班，或在聚會上碰到他們都很開心，然而如果沒有那種「難以言喻」的感覺，就不會有進一步的發展。

我們立刻來電。安馬上就被艾米娜托的世故和平易近人的性格所吸引。艾米娜托察覺安聰明機靈，而且工作努力，老實說，這是最性感的朋友特質。艾米娜托對安提起Orszagasm部落格時，安捧腹大笑。我們看得出兩人都是書呆子，此外還有共同關注的流行文化和美學品味。

對我們兩人而言，這種火花沒有任何浪漫元素或性暗示。我們之間的吸引力屬於柏拉圖層面，但依舊令人興奮。即使看電視時的短暫互動，也暗示出我們容易打成一片。我們想更了解對方，博得對方的好感。這種吸引力十分強大。

「關於吸引力的所有研究，通常也適用於友誼，」惠頓學院研究親密關係的傳播學教授艾蜜莉．蘭根（Emily Langan）說，「風格、品味都能散發吸引力，可說是人們散發的氣質。此外個性也有吸引力。」她指出，這種吸引力多半發生在潛意識層面。你通常很難說清楚為何受到某人吸引，總之就是喜歡。有時甚至很難說明你希望這種吸引力如何展現。你想成為對方的情人？摯友？配偶？還是創意合作者？

人際關係迸出火花時，這點不見得清晰可見。兩人對火花的詮釋各不相同，也相當普遍，一人認為是柏拉圖式，另一人卻可能覺得是浪漫情愫或完全不同的感情。許多人會根據當時的情景，迅速解讀。如果對方是我們有興趣的性別，可能就會把這種火花解釋為性吸引力。如果在職場結識對方，可能會認為他們是潛在的合作對象。如果我們身邊有戀人，可能刻意將所有新火花當成純友誼。

「同樣的情感組合有許多不同的分類方式，」安吉拉・張（Angela Chen）在《無性戀：欲望、社會和性的意義》（*Ace: What Asexuality Reveals About Desire, Society, and the Meaning of Sex*）中寫道。「事實上，同樣的情感組合經過不同人的歸類，可能被視為友誼或戀情。」她認定自己是無性戀者，因此不以「是否想與對方發生性關係」當成界定新朋友是純友誼或戀愛對象的主要方法，邂逅時的火花隱含著各種不明的可能性。「我剛認識某人時，並不知道彼此的目標是否一致，所以才會覺得興奮又困惑。」她在訪談中告訴我們。「這種不確定不只是『他們會喜歡我嗎？』還包括『他們會以我想要的方式喜歡我嗎？』好比說，我們是不是志同道合？」兩人擦出火花時，多數人都有這種感受：我們希望對方依照我們喜歡的方式和同樣的程度回報我們，即使我們還不清楚是哪種喜歡，而且我們很想知道事情發展是否如我們所願。

就我們兩人而言，這段關係是天造地設。當然，我們不是第一次交談就明確說好。但迸出火花之後的幾週之內，我們知道彼此氣味相投，而且從那時候開始就志同道合。但是我們也不能忽略，火花熄滅之後，人們對某段關係的期待可能會隨時間流轉而改變。一方或雙方可以認定這段關係更接近戀情、性吸引力，也可能相反。有些戀人後來成為朋友，有些朋友後來則談起戀愛。所以才會有人宣稱自己「被發好人卡」，因為另一方只想交朋友。並不是每個人都像我們這段友誼，別人不見得有壁壘分明的界線。

即使在我們這種不帶曖昧色彩的友誼中，最初天雷勾動地火的感覺也很像墜入愛河。最初在興頭上剛結識的那幾個星期，我們不想把對方騙上床，卻想探索對方的大腦。在對方眼中，我們有種無法言喻的情感吸引力，既刺激、神祕，又理想化。換句話說，是胸口揪緊的那種興奮感。這種立刻投緣的情況很罕見，所以碰上時會覺得不可思議——是無法相信，神奇到難以置信。

我們最初情投意合之所以特別，是因為得來毫不費功夫。有時我們在社交場合與人閒扯打屁卻覺得心累，每個笑話似乎都沒有獲得回應。相較之下，我們之間的互動輕鬆自在，一點也不辛苦。當然，我們可能都有一點想讓對方留下好印象的意圖，好吧，不只一點點。然而整體說來，我們可愛的邂逅過程是自然而然地發生，我們根本沒有主導權。

如果你在我們結識的第一晚問起友誼的問題，我們會自稱已是箇中翹楚。我們自認知道如何留住好朋友，同時又能結交新朋友……而且只要付出一丁點努力，就能把重要的人都留在身邊，直到大家一起退休成為快樂的黃金女郎。我們以為終生都能擁有堅實的友誼，只要成為朋友，就能把這件事拋諸腦後。陽台見囉[9]。

內心深處，我們也知道，如果要鞏固其他層面，也可以稍微忽略友誼。朋友應該能原諒我們這種怠慢。想升職？必須投入時間，所以下班後不能一起出去玩。遇到想共度一生的人？沒問題，朋友會理解你為什麼放他鴿子。

在我們人生這個階段，有很多時間可以分給朋友，所以審視他們究竟落在哪個優先順序並不重要。他們本來就排在前頭，我們也以為他們的次序會永遠不變。我們從沒想過，友誼的低潮比事業障礙更難跨越，比最糟糕的分手更痛苦。想到往後十年的經歷，我們把友誼當成「人生難題」的避風港的想法簡直可笑，根本搞不清楚狀況。

當時我們只是單純因為交到對方這個朋友而雀躍不已。

《花邊教主》片尾曲響起，黛歐的屋外開始下起狂暴的春雨。當艾米娜托走下台階，打開雨傘，暗自希望安和她同路，但安要往反方向走。艾米娜托揮手向她道別，也許態度太過熱情了。她們沒交換電話號碼，沒說要在社群媒體上找對方，甚至沒說「希望能再見到你」。

不過艾米娜托不必擔心。當她回家，登錄臉書想找安時，已經有人寄來交友請求。

當然，她點擊「接受」。

9 講述年長單身女性的《黃金女郎》影集，常將場景設在陽台。

第二章

著迷——

有你的世界實在太棒了！

第二天晚上，安預計去時髦的印度料理餐廳應酬。她一直不想去，這正是她下班後最討厭的活動，她可以想到無數種她更願意打發週四夜晚的方法。賓客名單上有個保守派作家，安向來討厭他的論調，所以她對其中一個朋友開玩笑說她打算晚點到，然後會輕描淡寫地說：「抱歉，我下午六點去墮胎，本來以為可以早點結束的！」但她已經答應要赴約，而且黛歐也會去，所以安準時抵達。

當安走進餐廳，發現艾米娜托已經入座，她喜出望外，迅速在對方旁邊坐下。

我們天南地北地閒聊，就是不聊工作。牛仔裙是我們第一個、也是最大的分歧。（艾米娜托認為：「牛仔裙怎麼穿都不好看。」安：「那可不一定，要看情況。」後來艾米娜托對這件事的看法就沒那麼堅持了。）飯局結束後，我們沒回家，而是去附近的電影院，看碧昂絲主演的坎普風[1]經典影片《鬼迷心竅》（Obsessed）午夜場。艾米娜托已經看過兩次，但她想在安身邊多待一會兒，安則是一直想看卻沒機會。我們假應酬之名，行觀賞芭樂電影之實，共享上班日夜不歸營的快感。

在那次碰面之後，我們開始認真地在數位世界中建立關係。我們在Google Chat互加對方，當時那可是對新朋友的第一個重大承諾。我們認識不到一週就開始寫電子郵件，當時艾米娜托（安開始像其他閨密暱稱她艾米娜）轉傳一篇「春季必備牛仔裙：該降價了」的文章給安。幾天後，安邀請艾米娜托去野餐時，還故意穿牛仔裙調侃她。但裙子這件事不重要，安準備的自製惡魔蛋[2]，讓艾米娜托印象更深刻。

在臨時起意的第一次出遊後不久，艾米娜托又轉傳一篇時尚部落格的文章給安。（在Instagram問世之前，時尚部落格在我們的文化中扮演極其重要的角色。）「嗯，牛仔裙。」她這樣評論。

安回答：「但我喜歡牛仔裙耶！那我們還能做朋友嗎？」

「除非我們趕快再約下次見面。」艾米娜托回覆。

牛仔裙已經成為只有我們才懂的梗，我們常會提起這個不算笑話的玩笑，藉此表示我們關心並在意對方。這些不太重要的聊天話題，是我們開始建立共同幽默感和品味的方式。

往後一個月，安發現有個依據《花邊教主》發想的實境節目，主角是曼哈頓的青少年富二代。她立刻將連結轉傳給艾米娜托。

1 Camp，是一種將使觀者感到荒謬滑稽作為作品迷人與否評判標準的藝術感受，也有「帶有女性氣息或同性戀色彩」的涵義。後來又被定義為「過度陳腐、平庸、狡詐和鋪張，以至於產生了反常而複雜的吸引力。」

2 deviled egg，美國派對國民開胃菜，將水煮蛋剝殼切半，把蛋黃與美乃滋或芥末醬混合後填回。

安：我們能不能約個時間碰面，一起看這部爛片？畢竟現在沒有《花邊教主》可看。

艾米娜托：當然好啊！要不要約這個週末？

Gmai的紀錄是不會說謊的：我們用電郵保持聯絡，但總是很快會提議碰個面。我們都本能地知道，這段友誼還處於需要呵護的脆弱初期，「沒見面」很快就會變成「沒想到要見面」。我們還沒有走得很近，如果不定期見面，很快就會淡出彼此的生活。如果是多年好友，即使幾個月不見，依然會覺得很要好，但新友誼需要持續灌溉。

我們都是所謂的「社交發起人」，這對這段友誼也很有幫助：我們會發起現場亂烘烘的服裝交換大會；（「歡迎各種體型的朋友都來參加！」）如果有人說「我也一直想去那間博物館」，我們就會立即訂下日期、發送邀請簡訊。我們共同的愛的語言就是制定和進行計畫。我們都有孤單在家而覺得難過的時候，但也知道如何將傷感轉化為主動向朋友求援。我們都是非常積極的人。

因此，當我們看到「社交伸手牌」（social moocher）就覺得很氣餒，這些人總是抱怨沒人願意和他們一起出去玩，卻不肯多買一張票請人看電影，或者主動發信約別人碰面。伸手牌消極地依賴別人邀約。但我們不是這樣的人。在剛認識初期，我們就會向彼此示好，並很快就獲得對方的回應。

值得注意的是，不是只有外向的人才會主動出擊。內向的艾米娜托無法從人際交流中得到任何能量。她很早就知道，她得制定計畫才能有社交生活。定期安排一對一的活動，是她與朋友見面的其中一種方式，同時她也比較能夠掌控這樣的交際場合。

按部就班地安排計畫有助於這個階段的交友，像是報名上同一堂課，加入某個團體，或是約好週五晚間看電影。（有研究指出，男人天生喜歡藉由一起活動鞏固情誼；對許多女性來說，參加活動則沒那麼重要。根本胡說八道！我們就認識有些女人喜歡一起參加活動，某些男人也愛閒聊扯淡。）但無論是哪種方式，都可以成為你們的特定習慣，直到即使不需經常碰面，這段友誼也能細水長流地持續下去。當你在任何情況都可以隨興地向對方提議一起出去晃晃，或是這段友誼能延伸到其他場合時，你就會知道彼此已建立穩固的友誼。

如果沒有刻意維持這段關係，我們就只會在對方經歷人生大事時，才看到她的動態消息跳出來，心裡還納悶「咦，這個秀訂婚戒指的人是誰？是不是在哪次聚餐時見過？」不過，我們幾乎一認識彼此時就開始制定計畫，更重要的是，我們會徹底執行。

我們會力抗因為發懶而臨時爽約所產生的小確幸，也努力壓抑只穿內衣褲宅在家吃零食的渴望。

最後，我們終於熟到可以只穿內衣褲一起吃零食也不會覺得尷尬。

♡

後來我們更要好了。因為彼此的住處相隔甚遠，艾米娜托的口頭禪就是「我們得找時間見個面。」這個準則也適用於認識初期，所有重要友誼的基礎就是得花時間相處。

你可能聽過「一萬小時法則」，記者葛拉威爾（Malcolm Gladwell）說，這是熟習某項技能所需的時間。這個數字是來自佛羅里達州立大學的心理學教授艾瑞克森（K. Anders Ericsson）的研究，雖然他曾說，錯了！葛拉威爾完全曲解他的意思。但總之，一萬小時的說法廣為人知，我們都想知道，如何能實現雄心壯志或破解重重困難。葛拉威爾寫道：「在需要高度認知能力的領域中，沒有人是天生好手。」

對我們而言，友誼就需要大量的認知能力，也有其神奇的數字：三十個小時、五十個小時、一百四十個小時和三百個小時。堪薩斯大學研究人員霍爾（Jeffrey A. Hall）不願接受葛拉威爾那個放諸四海皆準的論點，而在友誼初期階段進行計時的實驗。他發現，在相處三十個小時後，人們會認為彼此是「泛泛之交」。五十個小時後，就開始稱對方是「朋友」，並且不會加上任何代表正面或負面的形容詞。

除非經過一百四十個小時的相處，否則不能稱對方為「好朋友」。「至交」則是人們共處三百個小時之後才會用到的詞彙。聽起來似乎花了很多時間，但其實只有十二天半，只比一般蜜月旅行的時間長一點。基本上，也夠一起看一整季的影集。就我們的例子而言，大約是看過十幾部品質參差不齊的電影，其中還有幾部是因為艾米娜托習慣去電影院時都用運動水壺裝紅酒，我們才能忍受把電影看完。此外，我們也看了很多集《紐約高校》、《我家也有大明星》和《魯保羅變裝皇后秀》的節目，還有好幾次是到朋友家或酒吧聚會。

因為我們的社交圈重疊，所以很容易有很多時間相處。我們在華盛頓的那段日子，多半只有「我有忘記邀請誰嗎？」這種低程度的焦慮。

就和生活在不乏工作機會城市中的二十來歲大學畢業生一樣，我們擁有數量龐大且彼此互有關聯的社交人脈，大夥兒聚在一起時可能會high到爆。有一次，安在餐廳兼豪宅的空間舉辦假日晚宴，讓大家「共度美好的女性時光」，我們花了好幾個小時在會場擺出各種誇張的姿勢拍照。接著又去附近的日本餐館，跟著饒舌歌手T. I.和蕾哈娜合唱的「Live Your Life」這首歌唱卡拉ＯＫ。我們也會參加派對，無論去哪裡，都能玩得很開心，因為我們有一大票人。當你還在尋找自己在世上安身立命的位置，或者想到前途茫茫而想發洩壓力時，人多就會讓你有安全感。

不過我們多半是坐在彼此的家裡，好幾個小時都無所事事，所以我們的相處時間絕對超過三百個小時。

在成為朋友的第一年，賴在沙發上是不可或缺的活動。艾米娜托在傳簡訊問道「嘿，你在幹嘛？」之後，沒多久就出現在安的家門口。她一進門，就從上衣袖子裡扯下胸罩。而安顯然早就沒穿內衣。我們會找一張不見得好看的電影ＤＶＤ，安會去廚房拿點心。當時她迷上做披薩，把小時候在中西部吃過的起司類開胃菜，改造成適合大人的素食口味。（聽艾米娜托一句勸：如果你沒認識美國中西部女孩，就會錯過奶滑、香濃、延展力超好的沾醬。）我們會開一瓶紅酒或倒兩杯威士忌，享受沒有任何批判、難能可貴的氛圍。有時是安去艾米娜托家，她會踢掉鞋子，縮在沙發的一角。艾米娜托有她自己的起司醬套路。她在德州中部磨練了製作乳酪的技巧，也知道鎮上能買到Rotel番茄丁罐頭這種關鍵配料的每一家商店。還有，她的瑪格麗特調酒更是一絕，即使外面下著雪，只要來上一杯，就能讓安覺得自己正身處溫帶地區度假。

用這些小事彼此關心，令人很有成就感。我們倆的母親都是會負責下廚及招待客人的人，而我們準備餐點、挑選電影時只想著彼此，而不需要考慮丈夫或孩子的感受，這有點違背常理。但這種簡單的例行活動成為我們友誼的基石，而且通常只有我們兩人或幾個密友參加。在家中，可以遠離主宰我們職場的男人。在公司或應酬的場合，那些男人決定什麼事情是重要、聰明、幽默、有用。而與女性獨處時，我們則能自由制定標準、發表看法，這樣格外令人覺得無拘無束。我們最想聊天的人願意穿條緊身褲就前來赴約，還能順便在街角買瓶六塊九九美元的希哈紅酒和玉米脆片，那我們何必出門？

更進一步說，這些宅在家的珍貴相處時間，也代表我們對彼此來說這樣就夠了。坐在一起閱讀週日報紙是我們最愛消磨時間的一種方式。我們無須找話題和熟識的人聊天，也不會因為想在酒吧享受可能被搭訕的刺激才找對方一起出去。無所事事本身就是一種休閒活動，而且那種舒適自在無可估量。

如果我們不在一起，在上班時就會不斷互傳簡訊。我們會抱怨公司內部的勾心鬥角，傳連結告訴對方我們正在閱讀的資訊，或是討論下班後我們要去哪碰面，好繼續聊未完的話題。

並非每段知交莫逆的關係都會像我們一樣有緊密的交流，那麼頻繁地上網聊天或見面。我倆也都有在認識好幾年後才逐漸變親密的好友，彼此沒那麼常碰面，也不是透過網路進一步了解對方。事實上，並非每個共度數百小時的人都注定能成為終身密友。任何一段友誼都是獨一無二的。

後來，當我們的關係陷入低潮時，總是會不斷想起曾共度的那段時光。我們當時並不知道，建立這段友誼是為人生設定方向的一種方式。

高中、大學和成年後的頭幾年被視為性格形成期，二十歲後半段和三十出頭則進入成年後自我的快速成長期。我們迅速脫離成長環境，在職場擁有立足之地，也開始理解成年的意義。你想如何生活？你想成為誰？這些都是我們需要面對並找出答案的問題。

我們坐在沙發上說著自己的故事，告訴對方我們從哪裡來，一路以來遇到誰又愛上誰，以及我們心裡的恐懼和遺憾。在描述的過程中，我們開始思考未來該何去何從。

♡

艾米娜托告訴安，她是幾內亞人，家中有三個孩子，她排行老大。她在奈及利亞度過童年，在一九九〇年代定居拉哥斯，忍耐著混亂的政治局勢和各種失調的社會機能。打從幼年開始，她就透過父母留在家裡的廢紙自學閱讀，可能是外文報紙、父親無聊的工作報告，或是母親的時尚雜誌和填字遊戲。為了刻意無視連續幾週缺水缺電的不便，她的解決之道就是埋首閱讀書報雜誌。最終每個人都會適應這樣的生活，艾米娜托的父母也不例外，他們營造正常生活的氛圍，長大後的艾米娜托也很珍惜這件事。

艾米娜托和母親非常親近，她們都擅長與人打交道，也都有同樣爽朗的笑聲。但她發現自己與父親產生共鳴的唯一方式，就是得踏入他正經八百的世界。有些父親會教孩子丟球；艾米娜托的父親則是教她如何將報紙折好。她得對每件事情都有所涉獵，才能與父親有共通的話題。她父親每晚用餐時，都會考子女時事問題、體育新聞，以及歐盟—西非經濟夥伴協定（「這是歐洲給非洲設下的陷阱！」）等細節。她父母對資訊的癡迷不無道理。因為他們是外國人，想知道祖國的每一則新聞，而且永遠不嫌多，艾米娜托和手足也承襲了這種習慣。

艾米娜托從幼稚園到九年級都就讀法國國際學校，這些學校強調團隊合作、相互尊重和想像力的重要性，誇張到近乎滑稽的程度。雖然她下課時最喜歡和圖書館管理員聊天、借新書，但她和所有人也都能融洽相處，就連小學時代的小霸王也成了她中學的好友，至今依然保持聯絡。

艾米娜托從小看著父母召集各種聚會，她也因此學會克服害羞，籌辦社交活動。無論在戰時或和平時期，維持跨洲友誼都是一種生活方式。全家人週末會冒險前往她父親的辦公室或電信中心，幾乎打遍每個幾內亞僑胞。一九九六年，她家裝了室內電話，這是非常重要的里程碑，艾米娜托至今都還能描述出電話上的每個按鈕長什麼樣子。她父母會熬夜好幾個小時打國際電話，直到接通為止。他們都非常熱衷寫信給故鄉的家人和朋友，母親經常對艾米娜托口述，請她謄寫。當時她住的西非地區沒有可靠的郵政服務，信件只能拜託路過的朋友代為寄出。艾米娜托的父母從沒把這些時間或精力當成苦差事，更向女兒證明，維持意義非凡的遠距離關係並非不可能。

中學時，艾米娜托的朋友安東搬到馬達加斯加，他們倆想出利用外交郵件服務的方法。如果這個方法行不通，他們就委託每個往來安塔那那利佛和拉哥斯之間的大人幫忙傳信。但這種做法猶如亂槍打鳥碰運氣，信件常被搞丟，包裹也是幾年後才出現。後來終於電話比較普及，他們可以幾個月音訊全無，然而一旦聯絡上就能立刻恢復熱情。安東是艾米娜托第一個重要的遠距離朋友，當然也不會是最後一個。儘管艾米娜托可怕的字跡讓她很尷尬——自從她離開法語學校之後，一手字也寫得越來越差——但她旅行時一定會寄明信片（找到郵局是了解一個城市的最佳方法），因為她體驗過打開信箱不是只看到滿手帳單和垃圾郵件，而是收到朋友來信時的雀躍。

艾米娜托很早就展現雄心壯志，她說服父母送她去寄宿學校。親子雙方的折衷方案就是學校必須夠近，家長才方便探視。他們選上奈及利亞中部某所採用美式課程的基督教學院。艾米娜托暑假參加全美語課程，在入學考試取得優異成績。多數同學的家長都是傳教士，與她習慣的法國非宗教教育和家裡信奉的伊斯蘭教大不相同。父母會幫助她淡化無可避免的文化衝擊，他們總說：「基督教徒辦的學校很好啊！尊重他們的信仰，祈禱時跟著他們一起點頭就不會有問題了。」極度禮貌的樂觀主義向來是蘇氏家族秉持的信念。

然而她在美國人辦的寄宿學校不得不做些調整，好比放棄心愛的鋼筆，改用鉛筆和BIC四色原子筆，結果手指總是沾到藍色墨漬。她將皮革公事包換成更適合她年齡的手提書包，但她拒絕屈服於背包文化。她很早就是運動休閒風的愛好者，到哪裡都穿拖鞋，天冷時則穿心愛的厚開襟外套和花色鮮豔的Naf Naf毛衣。

不過新學校也不是完全與她南轅北轍，艾米娜托身邊依然有許多她這類的第三文化孩童[3]。對這些孩子而言，不在父母的故鄉長大，或住在國外，其實並沒有什麼特別之

3 Third-Culture Kid，這個詞是由美國社會學家Ruth Hill Useem於一九五〇年代所創，專指在性格形成期並未在父母祖國成長的兒童。在全球化浪潮下，這種TCK現象越來越普遍。

處。對她這樣的孩子而言，始終住在同一條街或從未轉過學才叫新奇。

艾米娜托為國際特赦組織寫信，在鎮上的痲管診所做志工，到當地監獄教女囚犯讀書寫字，儘管當局只批准她們學聖經和鉤織。她幫助這些婦女把信偷帶出去，交給家人和律師。當寄宿學校重新嚴格要求遵守服裝規定時，艾米娜托不明白為何大家都乖乖接受。她對校方提出質疑，為何只要求女學生。如果男教師要求女生做出彎腰或下跪的動作，以證明她們的服裝符合他們性別歧視的標準，她更會異常憤怒。

艾米娜托仍舊不會鉤織，但寫特赦信件、在痲管診所的工作經驗，以及對抗學校當局，成為她女權主義信念的基礎。沒有人參加她主辦的抗議伊拉克戰爭活動，但她並不因此退縮。最近，一個十多年未曾見面的同學問她，如何年紀輕輕就有堅定的政治信仰，她覺得這個問題很逗趣。她毫不遲疑地回答：「因為我的世界比我讀高中時更大了。」

她依稀記得，那時大學對她而言是烏托邦，她相信身邊一定都會是志同道合的朋友，能建立理想的成人友誼，所以她翹首盼望未來。對她的家人而言，優秀的孩子就該去歐洲的著名大學，但她想去更遠的地方插旗。她想去美國。

她申請的每所大學都寄來錄取通知，其中還包括學校和父母都殷切希望她考慮的常春藤名校。艾米娜托選中德州大學奧斯汀分校，因為宣傳小冊子說該校有五萬名大學生。她高中的那屆畢業班只有二十九人，每個人都熟知對方的家庭狀況。但她不喜歡這樣，她只想成為學生證上的一串數字。

艾米娜托隻身前往德州大學，看到其他新生都有全家人陪同入住，她覺得很有意思。她準備登上飛往奧斯汀的飛機時，父母激動地在機場送別，但她從未想過要他們陪她同行。父母栽培她這麼久，她也該到新的國家展開新生活了。那是她頭一次覺得她的生活與普通德州大學生有極大的不同，也是她在美國許多經歷中初次察覺，也許她的成長背景跟一般人相比不太尋常。

她在春季學期開始上大學，當時每個人似乎都已選好下一年的室友，也有穩定往來的朋友，但她決心要找到合得來的人。幾週後，艾米娜托走過某個學校社團的招生站，深受他們「全心投入、愛、奉獻和友誼」的宗旨所吸引。好啊，有何不可？她查過，「德州精神」社團就是書呆子女孩的姊妹會，她們希望所到之處都能打破隱形天花板。她們為慈善事業募款，戴著焦橙色的圍巾去看德州大學的足球和籃球比賽，開心地參加兄弟會的聚會和睡衣派對。選拔過程很可怕，但她當然被選上了。直到現在，艾米娜托依舊喜歡加入各式各樣的團體，她始終認為自己可以輕鬆潛入任何私人俱樂部，認識有趣的人。處世圓滑的人就有這種自信。

社團很快就占據她大半的生活。奧斯汀[4]很適合舉辦溫馨的游泳邀約、辦舞會和用瑪格麗特調酒助興的派對，艾米娜托沒想到這些事情會讓她如此開心。「德州精神」初次讓她體驗到與一大群女生共遊的趣味。儘管社團規定成員在大二時就必須退出，然而團員間已經有堅定的友誼，可以延續到大四，甚至直到畢業。艾米娜托高中時所憧憬的就是擁有這樣的朋友，她們陪著她跌跌撞撞地成為大人。

有位新生邀請她參加教會主辦的「精神靜修會」，雖然艾米娜托對此懵懵懂懂，但她依舊赴約。當她走進奧斯汀南方大宅的書房時，看到一位高大的金髮女郎邊彈琴邊高聲唱著〈瓊斯先生〉：「盯著這個黃頭髮的女孩。」讓艾米娜托馬上就想認識她。

艾米娜托得知對方叫布蘭妮，儘管她們在教會活動結識，但第一次邀約對方碰面時卻完全沒有談論耶穌，而是不停聊著音樂和電視節目。後來雖然艾米娜托沒再去教會，卻篤定她們可以繼續當朋友。果不其然。她每次回學校，幾乎都是布蘭妮去機場接她。兩年後，艾米娜托的母親去世，布蘭妮唱著芙蘿二人組的〈放手吧〉（Let Go）安慰她。無論艾米娜托在車上放多少次「酷玩樂團」（Coldplay）的〈別慌〉（Don't Panic）和「鐵與酒樂團」（Iron & Wine）版本的〈如此之高〉（Such Great Heights），布蘭妮都不會生氣。好姊妹就是會絕不囉唆地讓傷心的朋友盡情播放《情歸紐澤西》電影原聲帶[5]的悲傷獨立音樂。布蘭妮已經進入深厚友誼的領域，是她真正的朋友。

這些大學時代的友誼將艾米娜托塑造成安後來遇到的那個人。坐在沙發另一頭的安，喜歡聽艾米娜托不照時間順序隨興地講述她的過去，也愛聽那些搞笑的小故事。每當艾米娜托透露令人驚訝的過往經歷時，安都會很興奮。「你去瘺管診所當過志工？」「妳會說五種語言？」「妳當過基督徒?!」

然後，安對艾米娜托的了解越來越完整了：她的這位新朋友曾在世界各地生活，在任何情況下都能自立自強，能令各種團隊為之折服，有強韌的適應力，對所有事情幾乎都有自己的定見。安在艾米娜托身上看到了她羨慕的特質，還有許多她嚮往卻未能養成的優點。更進一步說，多了艾米娜托這個朋友所代表的意義頗令她開心。安以前沒有這樣的朋友，艾米娜托似乎能帶她走向更廣闊的世界。

4 德州首府。
5 先前三首歌曲皆出自本電影原聲帶。

安之所以對艾米娜托的故事如此著迷，其中有個原因是她們兩個的人生大不相同。雖然安也在三個孩子中排行老大，但她是在愛荷華州出生，父母所住的地方離他們長大之處也只有幾個小時的車程。她的天主教家庭試圖灌輸她許多宗教價值觀，但卻無法在她心中真正生根。（抱歉，那些想法實在太站不住腳！）她很小就不再去告解，因為她發現，神父的祝福和幾句萬福瑪利亞無法消弭她和父母頂嘴的罪孽。但家裡的其他價值觀則根深柢固，例如尊重認真的工作倫理、維持長久的人際關係。她的父母各有依然保持聯繫的大學同學，母親也熱衷寫信。安一家常待在耶穌復活堂，或與教友分享燉菜，那些教友的孩子也是她教會學校的同學。那是非常保守的成長過程，時至今日，只要是正式聚會，安都覺得彆扭。

安十二歲時，全家搬進牧場風格的紅磚新成屋，離原先同樣也是牧場風格的磚屋舊家只有四條街。她對小鎮以外世界的理解，主要來自她看的節目和廣泛閱讀的書籍，這些書的場景都頗富異地風情，例如紐約市郊區和加拿大的寄宿學校。她常借用母親的成人借書證，就能一次借二十本書（兒童最多只能借十本）。祖母會一年一次帶她去芝加哥進行一日遊，看話劇或音樂劇。這些旅行是當地銀行專為退休人士安排的，所以滿車白髮婆婆當中只有安是孩子。但她愛死那時的旅行了，這是她去大城市的機會（她曾在

《超級偵探海莉》等書中讀過到城裡的情節），她也因此頭一次看到成年後想過的生活，那與父母的選擇大相逕庭。

想知道安少女時期的模樣，請想像一九九〇年代的經典動畫片《踐妹黛薇兒》（Daria），但瘦高的她有一八八公分，手長腳長的她動作更顯笨拙。她爸媽不喜歡她自己挑的二手衣，所以她偷帶破洞復古的Levi's燈心絨褲，到學校後再去廁所換掉。因此表面上看來，她的穿著符合父母要求。她最好的朋友布麗姬是初中數學課的同學。布麗姬家就在高中隔壁，卻會特地開車繞去接安上學，在米色日產車裡通常都大聲播放著王子（Prince）的歌曲。

布麗姬和安一樣，對學校的體育和宗教活動都不感興趣，很早就開始倒數畢業日，想早點離開學校。她們會在布麗姬家的地下室耗上好幾小時，喝LaCroix水果汽水，看希區考克的老電影和英國影集《荒唐阿姨》[6]的重播。如果安不在布麗姬家，就是和另一個好友賈許在一起。他們一起做校刊，常到唱片行訂CD，或在附近商場的咖啡館讀《紐約時報》，喝加糖拿鐵，一起計畫在離開無聊小鎮之後如何展開真正的人生。這

6 Absolutely Fabulous，二十世紀末期的英國影集，講述兩個追求時尚的中年婦女所做的荒唐、可笑行徑。

兩人現在依舊是安的好朋友，可能是因為這兩段友誼扎根於當下，又展望未來。

也許是因為大量閱讀，也可能是因為在安的宗教背景之下，注重社會正義的天主教徒是她唯一尊重的榜樣。（向奧斯卡・羅梅羅[7]和多樂希・戴伊[8]致敬。）總之，安很早就有所謂的社會良知。在少女時期，她是校內國際特赦組織分會會長，所以她會提早到校，為俄羅斯和查德的政治犯寫信。她策劃年度慈善音樂會，可惜名字是「Jam-nesty」。她也曾組織抗議死刑活動，但全程只有她一人參加。她想積極成為社會公民，而不只是故鄉的小鎮居民。

安的父母送她進大學那天，仍是她這一生中最快樂的日子之一。她終於可以自由撰寫自己的故事，遠離成長環境的束縛。她從小就想當作家，所以她選擇就讀密蘇里大學新聞系。她再也不是唯一會抗議死刑的學生了，大家都和她一樣，希望進入校刊（沒錯，校內不只有一份報紙），準備角逐位子少得可憐的記者入門工作。突然間，安成了普通學生。

她認識了上新聞攝影課的同學拉拉和葛蕾西，她們三人都住同一棟用空心磚建造而成的宿舍，對音樂和電影也有相同的品味。她們每週會到校外的素食餐廳「愛人」（Main Squeeze）奢侈一次。隔年，這兩個女生成為安優先選定的室友，共同經歷了同居的快樂和挫折。她們辦熱鬧的雞尾酒會，結果有人意外跌下欄杆（幸好那人還活著）；巡演的獨立搖滾樂隊曾在她們宿舍打地鋪或擠在軟爛的沙發上——後來葛蕾西的男友忘了熄掉菸就在沙發上睡著，結果沙發就此報銷。三人之所以有堅定的情誼，是因為她們常半夜在樓上的廚房裡聊天，還一邊吃著重新加熱的墨西哥捲餅或泡麵。安覺得自己實在太幸運了，因為她們從學校成千上萬的人中選中了彼此。

大四時，安受邀參加募款活動，負責租車送密蘇里州的女權主義者到華盛頓參加反布希政府的抗議遊行。這些女性以身作則，展現出自稱為「女權主義者」的模樣。也多虧她們，安終於拜讀著名作家貝爾．胡克斯[9]的作品。打從一開始，這些朋友就不是泛泛之交，因為她們有共同的價值觀。安希望成為「客觀」的記者，同時又能維護女權，即使這點令她倍感壓力，但她依舊感謝新朋友帶她認識多元的思想。

這些事情讓艾米娜托了解安的成長背景，她很高興這段初萌芽的友誼將來可能會更

7 Óscar Romero，薩爾瓦多總主教，為貧民和內戰犧牲者發聲，後來在彌撒中遭人槍擊身亡。
8 Dorothy Day，美國記者、社會工作者，美國天主教工人運動發起人。
9 Bell hooks，本名 Gloria Jean Watkins，美國作家、女權主義者，這個筆名取自她的外曾祖母，為了區分兩人，她用的是小寫字母。

茁壯，自己和新朋友在情感和文化喜好上竟然有這麼多相似之處。她欣賞安從不批評別人，又擁有獨立的思考能力。她勇於表達自己的需求和願望，對自己生而為人的意義也有明確的期望。所以艾米娜托覺得，她也可以像安一樣，優先考慮自己的需求。

我們仔細傾聽彼此的故事。只是當時還沒意識到，我們不僅是講述自己的經歷，也開始共同打造彼此共度的人生。

♡

儘管我們之間有明顯差異，但也很難不注意到我們有多相似。

我們長大的地方相隔數千哩，卻都來自相對保守的文化，年輕女子被問到的第一個問題往往是「妳爸爸是誰？他是做哪一行？」我們從小就希望長大後能遠離家鄉。我們隨時都同時閱讀一至三本書。我們已經習慣人們沒禮貌地批評我們的身高、體重。儘管我們抱怨很難找到合身的可愛服裝，或承認我們對自己的外貌會感到不自在，但大家都清楚知道，我們並不討厭自己的身材，也不打算改變。我們還有同樣的願望，就是希望能占據一大片空間，並認為無須為此感到不好意思。我們也喜歡在餐館獨自吃飯，如果能坐在吧檯邊更好。每當我們發現彼此的共同點時，都高興得不得了，心想：她怎麼不早點出現？我怎麼這麼幸運，能找到這個人？

一如語言學家黛柏拉．泰南[10]所言，我們正在撰寫「同質性的故事」。在《妳是我唯一能傾訴的人》（*You're the Only One I Can Tell*）一書中，泰南指出，以女性身分立足社會的人，在談話時常會說「我碰過同樣的狀況」和「我知道，我也有同樣的感受」。她發現，其中可能隱含微妙的競爭心態——透過快速敘述自己做過同樣的事情，把對方比下去，或矮化對方的經歷。但我們之間無須如此，我們可以對彼此坦誠，在剛認識初期，對於對方也只有欽佩和好奇。

我們都覺得自己很幸運，彼此頻率相通。只是我們沒意識到，其實是我們創造出這個頻率。我們表達情感、與其他朋友互動、表現弱點和處理衝突的看法，都是在彼此往來的過程中形成。我們善於隱藏自己的不安全感，能迅速用戲謔或挖苦人的方法加以否定或淡化這種感覺。泛泛之交和普通朋友往往以為我們很「堅強」，隨時都能振作起來。而我們面對彼此時可以脫下堅硬的外殼，向對方暴露弱點，因為我們深知自己對別人是不會這麼做的。我們自詡為「冷靜派女子」（low drama mama），在我們的朋友圈

10 Deborah Tannen（一九四五—），美國作家，語言學教授，著有《辦公室男女對話》等。

中，是用這個詞形容不對其他女性說三道四，或惹是生非的女人。我們透過這種方式遠離世人的刻板印象——女人不見得個個都神經兮兮、小題大作。我們兩人共創的未來就是熱切追求理想，又能保持隨和的個性。我們努力成為你最崇拜的女性所敬仰的那種女性。我們不僅花很多時間相處，知道彼此有這麼多共通點，並放大與加倍強調這些特質。

但唯有透過事後檢討和心理諮商，我們才有自知之明，體認到我們其實多麼不一樣——在情感層面尤其南轅北轍。當初我們並未立刻發現這些不同之處，因為我們專注於探討彼此的共通點。後來我們的友誼出現問題，這些深層的歧異又蒙蔽了我們的雙眼。

我們沒意識到，在剛認識時，儘管我們有所不同，仍然可以對彼此敞開心扉。被艾米娜托認定將來還是志同道合的人，才能聽到她分享私密經歷。而安則把別人的問題都看得比自己重要，所以她不太願意剖析自己。然而我們還是越來越要好。當時不覺得這麼做有什麼風險，與彼此分享人生故事時，也不覺得像是克服難關般往前邁進一大步。

如此無形卻又強烈的安全感，就是我們能成為好友的原因。

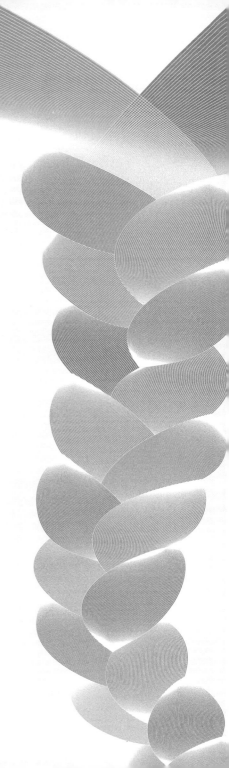

第三章

朋友——沒有血緣的家人

不消幾個月，我們就形影不離。我們不知道這樣算短，還是一般的平均時間，因為很少有人把友誼當成親密情誼來探索。關於親密關係的研究多半是針對家長與孩子，或戀人之間。

傳播學教授艾蜜莉・蘭根在研究好友情誼的論文中，探討描述兒童如何與父母建立情誼方式的依附理論，是否也適用於朋友關係。但在學界同僚卻出現莫大反彈，他們認為這種依戀只會存在於家庭。然而蘭根說，親密的朋友關係有些特徵與穩定的家庭並無二致。第一，有依戀關係的朋友希望能常常見到對方，知道對方的生活發生什麼事情。第二，朋友為彼此提供安全堡壘，因此他可以去結交其他朋友、談戀愛、找工作等任何令人懼怕但最終有正面意義的事情，因為他們知道回頭就看得到支持自己的朋友。第三，他們為彼此提供避風港。當人生碰上任何不順遂的事情，絕對可以仰賴朋友忠心耿耿地挺身幫忙。

我們剛認識時沒聽過依附理論，但蘭根的論文可以套用在我們身上。我們顯然經常見面，了解彼此的生活近況，而且蘭根的「安全堡壘」概念格外有道理。

儘管我們沒有簽合約，承諾要關愛和支持對方，但我們對這段關係的現在和未來都有十足把握。對方的前男友、不在身邊的遠距離朋友，以及有血緣關係卻疏遠家人，這些都可能在對方人生中留下缺口，但我們能輕鬆填補這些空隙，而且決心為對方做得更好。

我們剛認識時，安和舊金山認識的男友同居，她就是為了他搬到華盛頓。她不是會透露戀情中每個小問題的人，但她曾告訴艾米娜托同居生活的苦惱：例如男友喜歡落葉掃秋風似地吃光冰箱的食物，又不補充糧食；他是夜貓子，而她一定要睡足八小時；拖浴室髒地板和擦洗浴缸肥皂渣的問題始終讓兩人僵持不下。不知為何，她與艾米娜托談到這些事情時，比較不像日常發牢騷，更像是討論實踐女權主義價值觀的重要議題。因為這段友誼夠穩固，所以她可以傾吐委屈，不必擔心艾米娜托在她男友面前會有不自在的反應，或批評她為何還不分手。

不僅如此，艾米娜托也為安的人生創造新的安全堡壘。安常和艾米娜托分享她的希望和恐懼，讓安對情感面的親密感有了嶄新的看法——安發現男友無法提供這種依靠。而這段友誼給她安全感，她因此有餘裕考慮結束這段多年的戀情。

安最後決定該分手時，一些年紀較長、住得較遠的朋友都很震驚。但連浴室對峙每個骯髒細節都知之甚詳的艾米娜托卻不感到意外，也理解安不開心的更深層原因。安二十多歲的階段多半有男友，這些戀情對她的影響不見得是她所樂見。她渴望獨自生活。更重要的是，她想認清自己的本質，如果她單身，而不是某人的女友，她會有什麼樣的改變。

艾米娜托對安而言已經是安全堡壘，很快又成為她的避風港。安要求男友搬出去時，是段混亂又漫長的過程，他們甚至還在公共場合飆淚討論兩人的關係，那時艾米娜托是她的磐石，她花好幾個小時聽安講述她的心路歷程，幫助對方克服主動提出分手的愧疚感。艾米娜托不止充滿同理心地傾聽，安確信對方時時刻刻都支持她，對她的傷痛感同身受。她可以離開男友，不必擔心孤獨面對，或沒有人為她加油打氣。

但艾米娜托也不說假話。安分手後就像典型的白人女子，一下子把瀏海剪太短，對此艾米娜托也沒粉飾太平。她看到安的恐怖鄉村搖滾樂手造型之後，淡淡地說：「好吧，瀏海長長之前，我們大概不能再穿圓點圖案的衣服了。」這種巧妙的應答證實她和安站在同一陣線（她說「我們」），也充分反映她衝動剪髮的後果。幾週後，安決定做出不可思議的事情：她和前男友約出來喝酒討論分手狀況。艾米娜托同樣也為她加油打氣。

艾米娜托：中東和平進程。

安：別鬧了！我不知道今晚該穿什麼。我當然希望自己豔光四射，這樣會不會很糟糕？我和男友喝酒應該穿得很「普通」嗎？

艾米娜托：哈哈哈，當然不行，妳一定要穿出氣場。

那天晚上，艾米娜托不僅準備隨叫隨到（「我可以打電話或發簡訊鬼扯，幫妳脫身」），還和其他幾個好朋友躲在附近的酒吧，這樣安一結束就可以立刻和他們碰面。安與前男友的會面不順利，當她哭成淚人兒出現時，大夥兒已經隨伺在側。隔天，她發電郵道謝。「我和他分道揚鑣後，見到你們這些可愛的人，那種對比超級鮮明，所以我才會哭得那麼慘……我知道我昨天只說了幾句話，今天我想用更多的字彙表達：謝謝，謝謝，謝謝，謝謝你們帶給我希望、光明、關懷和歡樂。」

艾米娜托甚至想辦法把分手後去宜家家居的大採購打造成快樂的回憶，還罔顧自己的人身安全，因為當時安一邊開自助搬家卡車，還一邊宣洩情緒。她在北維吉尼亞高速公路上狂飆，那速度只能用「看得出來，果然是剛分手」來形容，「我的死角？那是你的問題。」艾米娜托會適時勸她吃些瑞典魚，才熬過了安血糖一降低就要崩潰的問題。我們一起搬超大的抽屜櫃（我們有個共同朋友正要丟掉時，艾米娜托幫忙攔下了）全憑決心，才能走完三層樓的樓梯。對於兩個不喜歡健身的女人而言，能搬上樓真的很了不起。幾年後，三個男性友人費了九牛二虎之力，才把那個抽屜櫃搬下樓。事實明擺在眼前：我們是神力女超人，攜手合作，所向無敵。

♡

兩人認識還不到一年，艾米娜托就已向安敞開心房，聊到戀情中的大小事、經濟狀況和健康問題，這已經比她平常與人交友的速度快了。但要她提起自己和父親的關係時，還是難以啟齒。

艾米娜托已經很久沒見到他了，他要從比利時來訪，他們家已經在那裡定居十年。就像許多移民家庭，父母和子女之間的話題多半是世俗的成就。艾米娜托沒攻讀研究所，當時也毫無事業可言。她自覺人生沒什麼亮點，也不認為有任何事情值得誇耀。自從母親去世之後，她覺得父女關係每下愈況。無論從哪個層面來看，這頓午餐都帶來莫大壓力。

她訂了一家高級餐廳，進去之前還禱告：「神啊，請別讓這頓飯成為一場大災難。」但她真是一廂情願了。他們面對面坐在室外露臺上，父女談到新聞和世界大事時，氣氛都很熱絡；但一談到她的工作或其他家人，氣氛就相當緊繃。這時，艾米娜托就很懷念母親的溫柔，顯然父親也有同感。她的母親一定有辦法緩頰，幫助丈夫和女兒跨過感情的鴻溝。他們尚未走出她離世的傷痛，少了她，他們沒辦法談論心中的悲傷。

艾米娜托的父親沒有說任何冷酷的話，也沒批評她是魯蛇，但這頓午餐依然徹頭徹尾地失敗。況且當時她還不知道自己有焦慮症，所以她無法自我安慰是因為生病的緣故才導致情況更糟。因為身心俱疲，她頹然躺到安的沙發上。

當安問起午餐的情況時，艾米娜托講話沒頭沒尾，而且開始喘不過氣。她哭了，哭得很厲害。這種行為在當時非常不可思議，因為她即使在有幾十年交情的朋友面前都很少哭了，更何況她認識安只有幾個月。艾米娜托從眼角的餘光搜尋安的表情是否有惱怒或不以為然的跡象。嗯，沒有。好吧，也不是沒有，但有個歇斯底里的女人在沙發上嚎啕大哭，安卻一點也不驚慌。（老實說，這可能是正常且有尊嚴的哭泣，但對艾米娜托而言，所有的情緒都是很戲劇化的。）安很平靜，不為所動。她不需要知道這頓聚餐為何悲慘的每個細節——光是看到朋友難過就夠了。

安起身走進臥室，對艾米娜托喊：「妳要不要吃贊安諾？」

要。艾米娜托非常需要來顆贊安諾。更重要的是，她明白過度情緒化不會嚇跑這位新朋友。從小到大，她都認為，無論如何都該避免展露強烈的情緒，否則人們會只想躲開。在那一刻，安通過了艾米娜托下意識的測試。同時，艾米娜托發現她需要擦亮雙眼，明白安是真心支持她。她漸漸接受這段友誼進入更令人放心的新階段。

♡

我們無法指出改變是何時發生，總之我們不只是閨密。共同的朋友開始把我們的名字用&符號相連，這個語言學符號表示大家都知道你和另一個人拴在一起。安&艾米娜托。艾米娜托&安。我們成為對方日常支援系統中不可或缺的一份子，分享彼此每一件吃喝拉撒睡的平凡瑣事。

艾米娜托：我今天吃了五袋水果乾，完蛋了。

安：去大便，否則妳有得受！

我們有對方公寓的鑰匙。經常在漫長的上班日之後幫對方做晚餐。只要我們與原生家庭出現齟齬，就會提醒對方：「唉，所以沒有血緣的家人才重要。」

沒有血緣的家人不是我們自創的名稱。幾十年來，LGBTQ社群就用這個詞彙描述在彼此人生中長期扮演重要角色的人。多數人想到家庭，往往想到結婚生子，然而LGBTQ向來就無從選擇這兩件事情。人類學家凱特・韋斯頓（Kath Weston）率先探索「沒有血緣的家人」的用法，她在一九八〇年代研究舊金山同性戀社區的親屬關係，並於一九九一年將研究內容集結成《我們選擇的家人》（*Families We Choose: Lesbians, Gays, Kinship*）一書，書中描述這些沒有血緣關係的家人共享資源、共同養育孩子，在生病期間相互扶持，尤其是一方罹患愛滋病時。當時批評者指出，許多率先使用「沒有血緣的家人」詞語的人都遭到原生家庭疏遠，本來就沒有選擇的餘裕。但心理學教授凱倫・布萊爾（Karen Blair）指出，對二十世紀末的同性戀者而言，選擇在血脈相連的家人之外建立其他情誼往往是「出於需要」。但對使用這個詞語描述親屬之外的朋友的人而言，「沒有血緣的家人」是指我們自由選擇的親密夥伴。

我們在公司人事資料表上把對方列為緊急聯絡人。我們一起舉辦聚會。我們設計感友節[1]的菜單。當時我們快三十歲，正處於人數眾多、遍布各地的朋友圈的結婚高峰

1 Freindsgiving，十一月第四個週四是美國全家團聚的感恩節，但對新世代而言，可能會在這天的前一天或後一天慶祝友誼。

期。因為沒有另一半幫忙分攤費用，我們都覺得捉襟見肘。隨著彼此朋友圈的重疊部分越大，我們越常一起參加婚禮。我們分擔飯店住宿費，商量參加婚禮的造型。（去凱特和布倫的婚禮時要穿動物花紋。菲比和艾瑞克的婚禮是粉紅花朵圖樣。蓋比和麥可的婚禮選擇別致的黑色。）我們共同採購結婚賀禮，署名「愛你們，蘇—傅利曼」。當然，即使你們不是共同出席婚禮，也沒把對方列為緊急聯絡人，依然不減你和好麻吉的友誼。每段「真正的朋友」的情況各不相同。我們就是因此成為沒有血緣的家人，不需要靠奢華的儀式宣示我們是好搭檔。

我們決定以彼此為一家人的身分出席婚禮，這不止是可愛的噱頭，更為了延續我們的信念，我們認為友誼和戀情、家庭牽絆都同樣重要。

研究美國和西歐婚姻與家庭結構的歷史學家史蒂芬妮．庫茨（Stephanie Coontz）指出，社會對家庭和戀情的定義及期望與時俱進，對友誼的認定也在數百年間不斷演變。（但在我們打電話給庫茨要求採訪之前，從未有人詢問專門研究親密關係的她，婚姻和家庭結構會如何影響友誼！）她向我們簡要介紹西方社會有權有勢的人如何制定友誼標準，其他階級和種族又如何參考這些標準發展出自己的版本。

十五、十六世紀，婚配往往是為了建立政治、經濟聯盟，或凝聚眾人的向心力。「如果婚後滋長愛苗，那很好，但當時不認為愛情是結婚的好理由，」庫茨說。「友誼卻截然不同，就情感層面來看，也許對人們更重要。」

十七、十八世紀，越來越多人為愛成婚，上流社會的人開始擔心，一旦感情淡了，夫婦就沒有走下去的理由，於是有了各自交際的想法。這種觀念認為男人來自火星，女人來自金星，各有不同的天賦和社會角色。男人都應該有雄心壯志，執著堅毅，並且對公共事務有興趣。女性在性方面應該純潔天真，感情豐富，極具愛心。這個理論主張，如果男女是硬幣的兩面，就該結婚，而且要共度一生，以便獲得對方的天生特質。你讓我得以完整。「所以那時人們對另一半有極度浪漫的期待，」庫茨說，「但也導致男／男和女／女友誼的蓬勃發展，因為你和同性才有共通點。」

在十八世紀的信件中，某些女性稱男性是「噁心的性別」。女性並非在愛情，而是在友誼中，才能自由自在表達自己的感情。即使是那些現代人看來都帶有肉慾色彩的濃烈女性友誼，在當時都能得到認同，因為女性被認為是如此純潔天真，即使她們同床共枕，也不會與對方發生性關係。如果妳自稱對另一個女人有好感，外界並不會認為這是妳在宣示自身性向。「男人間也有非常親密的友誼。」庫茨說。她指出，那些被認定為異性戀的男人在信中「寫到他們枕著好友的胸膛入睡」。但是這種將男性和女性視為對立面的觀點，反而不利於兩性之間的友誼。

到了十九世紀末，美國上層社會開始體認到，男女之間其實有許多相似之處。雙方都可能充滿愛心，又或苛求挑剔，也可能消極被動或積極進取，兩性都可能對家庭生活或更廣泛的職場和政治世界感興趣。這就是庫茨所謂的「友伴式婚姻」的崛起，亦即「我嫁給終生至交」的時代。世人漸漸接受兩性應該像朋友般了解對方，探索彼此的想法。這種觀點轉而強調性向，以往被視為只是表現親暱的動作，例如牽手或在好友胸口睡著，如今則有性意涵。這種看法重創親密的同性友誼，這種交往突然不被世俗所接受，因為可能威脅到兩性的戀愛關係。

「二十世紀初，所謂的專家發起大規模的呼籲，要消滅以往不成問題，甚至還頗有趣的少女式暗戀，」庫茨說。「如果男人還像以前那樣勾肩搭背，可能會遭人懷疑。」與同性密切往來的女性可能被貼上女同性戀的標籤——當然，其中有些人的確是。當時還沒有人爭取同性戀平權，出櫃比現代更危險，所以難以分辨歷史上哪些閨密是純友誼，哪些是戀人，哪些又介於兩者之間。

某些關於性別差異的舊觀念依舊延續下來，尋求友誼的女性接收到各式各樣矛盾的訊息：要親近其他女性（妳是尋求友誼），但往來不要太密切（因為妳不想被人當成女同性戀），在這些朋友身上找到支持的力量，然而一旦找到成婚的對象，就可以在婚禮當天徹底捨棄這些朋友，全心投入家庭。庫茨採訪許多一九五〇、六〇年代成年的婦女，她們說年輕時期結交女性友人都是為了找婚嫁對象。這些婦女難過地表示，一旦大家結婚，就沒有其他話題可以和老友閒聊。

「這是有史以來的女性友誼低谷，」庫茨說，「當然，男性友誼也不復存在。社會越來越期望男人從妻子，而不是其他男人身上得到情感支持。」到了一九七〇和八〇年代，隨著上層階級婦女重返勞動市場，並尋求政治和經濟上的平等，她們開始駁斥婚後就得放棄友誼的觀念。不同性別的人都發現，愛情可以與深厚的友誼共存。

我們很清楚，現在的社會在這方面還有進步的空間。我們正努力擺脫對男性、女性、朋友或配偶的過時成見。就個人而言，我們兩人始終希望當個獨立女性，不以男人為談話中心。我們希望每種性別都能自在地感受親密友誼的無限喜樂。我們希望有相互扶持的朋友網絡，充實的戀愛關係，以及強大的親情，同時又能規劃自己的人生道路。

我們很快就在彼此生活各方面都如膠似漆，不覺得彼此之間有任何祕密。因為少了某些情緒，我們才體悟到這一點：我們之間沒有誤解，分享心事不會覺得羞愧或害怕，也沒有不安全感。我們不是刻意承諾要當一輩子的朋友，而是我們接受了內心深處明白的事實，就是我們的生活從那一刻起，永遠少不了對方，否則無可想像。

我們怎麼成為朋友有個表面故事，關於沒有血緣的家人這點，也有個表面故事。想到自己選擇的家人和這個另類家庭的未來時，我們只會往好處想。我們從未想過，如果友誼遇到低潮（其實想得更實際一點，這是遲早的問題），沒有血緣的家人又代表什麼。其實無論是否有血緣關係，我們還沒有聽過哪個家庭不吵架，或沒有長期積怨的。家庭是愛和支持的來源，但也有令人失望和尷尬的時刻。多數家庭不只是有美好的慣例，也有摧毀人心的模式。我們從未想過。

我們認識的第一年，從來不曾為小事吵架，一次都沒有。就算逼問我們，彼此也說不出對方任何缺點。當時我們還沒碰上考驗，沒想過彼此為何相處得如此融洽。我們沒考慮到把對方當家人的長遠意義，只是開心享受這段友誼。

就當時而言，我們之間沒有任何問題。

第四章

閃耀理論——如果你不閃耀，我也無法發亮

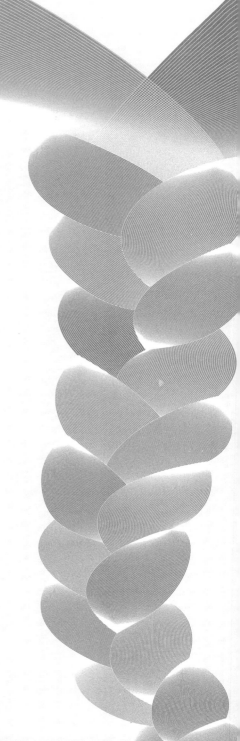

艾米娜托還記得那天經理告訴她，他不願當她的職場導師。她當時在他的智庫辦公室，那個狹窄的空間雜亂無章地放著箱子，門上掛著乾洗衣物。艾米娜托一直期待這次的會面，她想他終於關注到她的表現，要鼓勵她設定職涯發展目標了。結果，他說，基本上，她讀錯科系了，女性在政策方面的表現並不突出，他和與她年紀相仿的男性合作才會更有效率。

他說這番話時表現得吊兒郎當，一副理所當然的樣子，以至於艾米娜托良久過後才明白他是多麼歧視女性。但她的心情更焦慮，因為當初她受雇時，上司說要贊助她辦簽證。她懷疑他們彼時所做的承諾。既然他們連指導她都不屑，又何必為這種員工大費周章？

她也很傷心這件事對她職涯的意義。但她很快就發現，缺乏導師的人不只有她。

就在幾條街之外，安的上司也經常讓她受挫連連，他們甚至把最資深的女員工稱為「甜心」，有時還把公司的年輕女性當私人祕書使喚。當安鼓起勇氣向雜誌社的某位創辦人提出建言，指出他不夠重視女性撰稿人時，他辯稱：「我的第一任妻子還參加過婦權運動呢！」聽到這話時，安差點把嘴裡的咖啡噴出來。

儘管我們在不同的行業工作，但我們的職涯早期極其類似。父母教導我們，要認真念書、努力工作，就能過五關斬六將；對於在經濟不景氣時踏入社會的我們這一代而言，事實則不然。我們都有雄心壯志，卻沒有楷模人物可以指導我們。

有份研究指出，六成三的女性宣稱她們在職場上不曾有過導師，任何關注美國企業的人對此都不會感到意外。這不僅是女性的問題，也是整個世代的問題。根據哈佛商學院的研究，「四十歲以上的受訪者都能說出他或她職涯的導師，但年輕人卻沒辦法。」我們厭倦繼續等待更聰明的前輩指點迷津，便開始找同輩交換工作、薪資和職場阻礙的資訊。我們在無限暢飲日喝摻水調酒、吃吧檯點心當晚餐，漸漸明白每個人只能盡力而為，同時表面上還得裝模作樣。

我們知道，身為女性，職業生涯的早期特別重要。這是我們應該建立賺錢能力的時候，因為到了三十五歲以上——尤其還得開始養兒育女——薪資差距就拉開了。我們都急著建立良好的薪資基礎，也一而再、再而三地向彼此保證，我們本來就可以期待更多，要求更多，即使我們覺得不對勁或不確定，也堅持這麼做。

雖然我們挑朋友不是因為他們可能有助我們的事業發展，但以下就是血淋淋的資本主義事實：我們某些職涯的大躍進的確得歸功於朋友。我們是重視工作的女性，然而我們的母親對此都無感。我們透過朋友搞清楚自己應得的薪水，討論該如何談判與爭取。

若上司虧待我們，朋友能提供慰藉；當我們升職當上主管，擔心自己會能力不夠時，他們是我們繼續前進的動力。

艾米娜托常開玩笑說，我們逼迫彼此非成功不可，其實道理很簡單。因為我們熱愛、欽佩我們的朋友，也希望世界尊重、回饋他們的付出：我們希望朋友為他們自己據理力爭，並且也能成功爭取到。

♡

在尋求職涯指導的可怕會面兩個月之後，艾米娜托得知智庫沒有預算，她無法留任。這件事引起她恐慌的原因很多，尤其是沒有人能幫她辦簽證，她即將失去合法居住美國的身分。她的工作證期限只剩一個月，但她才剛簽了一年的租約。如今美國是她的家鄉，如果遭到強制驅離，她就得去她從未住過的幾內亞，她知道自己在那裡並不安全。為此艾米娜托大受打擊。

幸好她這一年在華盛頓建立了紮實的新朋友網絡。她發電郵給他們，說明她的處境。她寫道：「這件事來得太不是時候，」她表示，「我能夠留在美國的最好辦法是透過就業。如果有任何工作機會，請告訴我。如果能介紹移民公司或律師，我也很樂意接受，因為我需要詳細討論我現有的選擇。我最壞的狀況就是：十一月離開美國，回比利時，最後再回幾內亞，除非我能上研究所，而且是去歐洲，因為美國夢顯然太花錢。」

這時每個人都挺身而出。當然。不出幾天，艾米娜托就打聽到幾個有希望的就業機會。但移民局的期限開始倒數計時，她擔心自己無法留在美國之後該何去何從。有個朋友幫她找律師，律師說她可以申請庇護，並且同意幫她無償辦理。他解釋過程可能非常漫長，但她能有機會獲得庇護，留在美國。

如果在洛杉磯，陌生人彼此問候的第一個問題是「你好嗎？」在紐約則是「你是誰？」而華盛頓的第一個問題肯定是「你在哪裡高就？」艾米娜托沒有工作，周圍的人都經常忽略她，逕自環顧屋內是否有其他人更有身分地位。面對陌生人對她的新狀況品頭論足的確很難受，但她原本以為會更痛苦。其實這只是讓她更確定，她需要的是重視她，而不是只重視她簡歷的朋友。

即使在那段前途黯淡的日子，艾米娜托也不嫉妒工作穩定的朋友，因為他們都很幫忙。沒錯，她沒賺錢，也沒做什麼像樣的事情，但至少身邊有一群了不起的朋友。她知道，自己的工作能力遲早會和工作機會成正比，只不過那一天的到來比她預期的更久。而且，她的朋友們其實也沒從事著夢想中的工作。

安不在乎艾米娜托在特區沒有位高權重的工作，甚至不在乎她根本沒有工作。她認為艾米娜托很優秀，令人佩服！我們說「失業樂活」（funemployed）能讓人保持愉快的心情，但艾米娜托依舊得強壓下心中不祥的預感。一旦簽證問題解決，艾米娜托會有各式各樣的職涯規劃，而安就是她的諮商顧問，然而朋友們的能力有限。簽證問題就像一片黑壓壓的烏雲，儘管律師努力不懈，對結果也保持樂觀，但艾米娜托一心認定她最後仍得被迫離開這個國家。

庇護申請進入法院程序時，艾米娜托拿到了新工作簽證。有位朋友曾在行銷公司上班，她透過牽線成為線上分析員。她終於踏出成功的一小步。

艾米娜托一直希望在工作上可以發揮影響力，並接觸許多人。她以為自己會參與銀行救助，拯救國家免於經濟崩潰，結果現在是幫達美樂披薩整理網路趨勢、在美容留言板潛水、主辦挑選新任「嘉寶」寶寶（Gerber Baby）的比賽，並且暗自祈禱不會分到要參選國會議員且飽受非議的共和黨客戶。這不是她夢寐以求的工作。她不得不檢討自己的態度，努力擺脫委屈的情緒，正視自己即將學習全新的領域。以下要說的事，現在聽起來可能既老套又可笑，但在二〇〇〇年代末期，社群媒體顛覆了某些行業，儘管有些名人對此趨勢嗤之以鼻，而艾米娜托很快發現，精通上司不擅長又不肯學的事情，反倒是優勢。這表示她可以成為專家。

另一個主要的好處是新工作收入是在智庫的兩倍以上。這是她據理力爭所得的，而且只要有機會她就爭取加薪。她發現，如果公司爽快答應員工的要求，就代表你可能開得不夠高。她也開始詢問周遭男性的薪資，當發現多數女性朋友的工資過低時，她大為震驚。這些男人並沒有比較聰明或更有才華，他們只是開更高的價錢，而且通常都能爭取到。艾米娜托明白，她必須鍛鍊這方面的能力。

♡

安的工作狀況也不斷改變。當雜誌社請來新總編，她被升為副總編時很開心，因為新上司非常尊重安這位左右手的能力和意見。那陣子的狀況頗振奮人心。但後來那位總編宣布即將離職後，雜誌社的創辦人表明他不會提拔安為總編。她知道自己只有二十九歲，但如果是類似資歷的男性就有機會當總編。如果沒有晉升的機會，她無法想像自己繼續待下去的樣子——無論是留在這家雜誌社或這個城市。

這個體悟開啟了從二〇一〇年到二〇一六年的階段，這段期間，我們當中總有一人或兩人同時幾乎每年都搬家，在全國各地穿梭，想尋找更好的工作機會。我們四處奔波。如果遇到無法突破的障礙，就另找出路。有時是因為我們想轉移事業重心，有時是因為我們想提高薪資或職位，當時的雇主又不可能答應。有些障礙並不是我們的胡思亂想。幾年後，有份報告蒐集六百多家公司的資料，發現女性比男性更難升遷。難怪我們都覺得必須跳槽才能繼續往上爬。

就安而言，她知道自己需要改變，或者說是需要好幾個大改變，而且這些改變必須同時進行。雖然她喜歡當編輯，但她從小就夢想能成為作家。儘管她關心政治，卻已經厭倦編輯勞工運動的分歧意見和外交政策的細微末節等這類極其枯燥的文章。她不覺得自己能找到專職的記者工作。（但這件事情永遠無從證實，畢竟她沒找過。）儘管她不斷咒罵性別歧視和年齡歧視，最後還是接受了無法升職的事實。老實說，她根本不想做著一份毫無前途的工作進入三十歲，還住在她根本不喜歡的城市。

於是她辭職了。

儘管帳戶裡的金額還不夠去有機超市買一趟零嘴，但她似乎應該轉做自由業。「自雇」比「自娛業」聽起來好多了，對吧？她與前老闆簽訂過編輯契約，暫時還能支付一陣子的租金。現在她可以在任何地方工作了。她把行李搬上耐用的本田汽車，向德州奧斯汀出發，在那裡，房租可以減半，也能離開華盛頓。

這件事應該對我們的友誼造成了大問題。畢竟安不僅離開這個城市，還要離開她選擇的家人。艾米娜托大可對安的搬家決定感到難過，但她全心支持，因為她明白這個舉動對對方的意義。安始終不喜歡特區，而艾米娜托希望她快樂，她知道安一定也希望她幸福，但看著對方開車離去時，艾米娜托還是哭了。

成為自由業才幾週，安就得按捺住自己的財務恐慌。她努力專注思考光明面——沒有老闆！不必戴胸罩工作！但她無法想像，沒有專職工作該如何維生。她的銀行對帳單只有支出，沒有進帳。

後來她收到一封救星電郵。洛杉磯的某雜誌創辦人問安有沒有興趣應徵執行編輯。安收到信時，不記得自己是否尖叫或倒抽一口氣，但可以確定的是，她立即打給艾米娜托。這是大事。這個職位在她一直想回去的加州——即使她得離開奧斯汀，即使她成為自由工作者只有一個月。執行編輯不但在職稱上大躍進，而且它的意義遠勝於此：安終於有機會證明她可以勝任這個主管職務，而且能做得比以前每個上司更好。她欣喜若狂但又膽怯畏縮。她和艾米娜托一樣，都了解學非所用的挫折，然而她也明白自己可以做更多，她不想搞砸這個機會。

安不只把艾米娜托當好朋友，也依賴她提供專業建議和支持。這個工作機會帶來全新的挑戰，從收到郵件那一刻開始，安比以往更依賴艾米娜托。她打電話給可能成為她新老闆的人，了解到這份工作有一百萬美元的預算，透過制定新的編輯策略，雇用整組編輯和記者，最終目的就是要吸引新讀者。艾米娜托向她保證（廢話），她絕對能妥善處理所有事情。事實上，她就是這份工作的最佳人選。（現在回想起來，安的顧慮其來有自。這份工作是身兼六職！）

一週後，安飛到洛杉磯面試，一天之內輪番會見這家小公司的每個成員，她甚至沒時間去上廁所。創辦人還要求她當場在會議室白板上畫出編輯組織架構圖。面試結束之後，安身上那件女強人款絲質上衣的腋下滿是汗漬，安坐在租賃車上哭著打給艾米娜托，因為她確定自己搞砸了，這輩子再也找不到工作。甚至當天晚上，那家公司的員工朋友說大家都喜歡她時，安也不相信。

幾天後，安收到錄取通知。她只開心了一下下，然後就下定決心，該協商薪資了。艾米娜托經常閱讀商管書籍，也會看《創業鯊魚幫[1]》節目，因此她自信滿滿地向安保證，這份新工作責任重大，薪資應該要有六位數。而且安也應該爭取搬遷費用，或許還包括簽約獎金。

安：我甚至不知道該怎麼開口要求簽約獎金耶！
艾米娜托：小姐，我的薪資最近才剛超過三萬五千美元。
艾米娜托：我們需要在推特上諮詢蘇西．歐曼[2]嗎？

這就是好朋友與良師或公司知己之間的差別。安並未把艾米娜托當成求職協商大師，她期望的是艾米娜托能陪她度過這個混亂的時期。其實艾米娜托也是最近才從朋友安東那裡聽到所謂的搬遷獎金。

安東：薪資要加倍。如果公司負擔不起，他們就會拒絕。喔，還得要求搬遷獎金（moving bonus）！
艾米娜托：搬遷獎金？那是什麼鬼？為什麼男人就覺得該拿到這些錢，我們卻羞於開口。
無論如何，謝啦，寶貝。

1 Shark Tank，美國的真人實境秀節目，會提供新創事業者募得所需資金。
2 Suze Orman，美國暢銷財經作家。

在艾米娜托和其他朋友鼓舞之下，安決定要提個難以想像的年薪，好比說……（**魯保羅**[3]**的聲音**）十萬美元。每當她們大聲說出這個數字，艾米娜托都無法忍住不笑，但她很驕傲安要求應得的薪資。第二天，安發電郵給艾米娜托和其他幫助喊價協商的朋友：

我剛拿到這份工作，也成功爭取到十萬美元的年薪。（另外還有兩千五百美元的搬家費用，如果達到網路流量，還會有一萬美元的獎金。）

我四月一日開始工作。沒有你們，我絕對辦不到！！！！！！！！！！！！

愛你們。

執行編輯

安．傅利曼

真是個怪咖。

接著她又面臨另一種恐慌：不是她能不能應徵到這份工作，不是爭取到多少薪資，而是她能不能勝任。如果失敗該怎麼辦？這個問題一直揮之不去。但安開始編列預算、制定招聘計畫，每晚都抱著筆記型電腦睡著。

當安學會扮演「自信、能幹的高層」時，艾米娜托的建議無價。當我們不知所措時，艾米娜托就背誦我們的口號：假戲真做，直到成功。安之前已有多年的時間精進編列預算和招聘的技藝，現在最重要的就是向前邁進，拿出最好的表現。安知道，就書面履歷來看，她有資格勝任新工作。實際上也辦得到，因為朋友會陪她並肩作戰。

「沒有妳，我永遠做不到！」安感激地大哭。

「如果妳不閃耀，我也無法發光。」艾米娜托告訴她。

後來我們才開始稱之為「閃耀理論」。

3 RuPaul，美國變裝皇后，實境節目《魯保羅變裝皇后秀》主持人。

早在我們定名為「閃耀理論」之前，我們的友誼就已建立在這個原則之上。我們將「閃耀理論」當成長期投資，幫助朋友發揮所有潛力，日後還能仰賴對方的幫助。我們努力全心投入，不讓不安全感或嫉妒摧毀友情。朋友過得好，你會由衷為他們感到開心、雀躍；如果朋友有難，則在旁邊加油打氣。

「閃耀理論」是艾米娜托支持安搬離華盛頓的其中一個原因，所以安也陪著艾米娜托解決簽證問題。我們都希望彼此過得好。每當朋友鼓勵我們追求念念不忘的人生改變，溫和地敦促我們找心理醫生，或支持我們離開前途無望的工作，他們都是在實踐「閃耀理論」，他們希望我們發出最耀眼的光芒。希望朋友得到最好的對待，往往也會激發我們努力讓自己進步。

「閃耀理論」可以用在我們懷有雄心壯志的任何層面，從家庭到職場都可以。當我們強烈地想達成某個目標，好比升職、成家，或成為編織大師時，往往會不自覺地產生競爭意識，開始把全世界當成一連串的權位排名賽。「閃耀理論」能促使我們用合作取代競爭的衝動。

要清楚看到「閃耀理論」發揮功效的方法就是檢視職場。多年來，我們看著同齡男性優先登上升職的火箭，自己卻只能在候機室待命。然而我們不再將這件事當成個人的失敗，我們一起質疑守門員，認定只要互相幫助，我們就會走得更遠。我們彙集聯絡人和資源，只要看不到我們價值的老闆阻撓我們，就互相鼓勵，一起制定策略爭取最高薪資。知道朋友升職，我們興奮得彷彿是參加單身派對；聽到有人加薪，就開心尖叫。

「閃耀理論」對職場上的非傳統要角特別有效。長久以來，被邊緣化的族群始終覺得高層留給我們的位子不多，即使這個想法只是在潛意識層面。你見過參與投票表決者有超過百分之五十女性的情況嗎？你看過五百大企業董事會議室坐滿有色人種嗎？這種缺乏代表性的情況造成普遍的匱乏思維：大家認為高階職位只有寥寥幾個，必須與條件類似的人競爭，才能成功拿下。

在我們這段友誼中，我們在工作方面從未感受到一絲一毫的妒忌，這句話絕不誇張。沒錯，我們一直有不同的職涯目標，也從未應徵過同一份工作，所以當然更容易心平氣和。但我們認為，即使是同行，我們對彼此的支持也不會改變。我們知道，如果攜手合作，會晉升得更快，走得更遠，過得更開心。

這種想法並不激進。事實上，許多行之有年的體制就以此為基礎。例如昂貴私校的組織原則，就是有權勢的人透過彼此在幾十年內建立的密切聯繫，變得更強大，傳說中的老男孩俱樂部也一樣。重點不是「你是誰」，而是「你認識誰」。我們沿用這種想法，但是用來分享權力，而非獨自霸占。

無論我們用在哪個領域，「閃耀理論」的起點就是拒絕比較和競爭心態，而要努力建立情誼和人脈。當我們發現某人有我們想要的東西時，不是把對方當成我們衡量自我認知的標準，而是努力把他們看成潛在的盟友。我們發現，如果有人想傷害我們或把我們當成敵手，往往是因為他們缺乏自信或同伴。如果我們試著邁出第一步，向對方表明我們願意努力合作，就會用心考慮彼此結伴能走多遠。

注意，我們說「努力」。有時這件事真的很難，尤其是在職涯早期，自認必須緊緊把握手上少數機會和人脈的時候。當年安擔任事實查核的實習生累得要死，看到同齡女子的報導成為《紐約時報雜誌》的封面故事，她還記得那種嫉妒的情緒。她有什麼條件是我沒有的？安很氣自己。這個女人怎麼爭取到這麼重要的任務，安卻只能做自己不喜歡的事情，查核其他記者的報導是否屬實。

現在，更年長也更有智慧的安會建議年輕的自己，找出封面報導作者的電郵信箱，祝賀她，並且直接詢問她是如何辦到的，惱火情緒就能轉化成積極結交同行。即使她到頭來沒辦法和那位年輕女性成為朋友，至少能更清楚這一行如何運作。當時她的人脈不多，又不了解這一行，這些資訊是很珍貴的。但誰曉得呢？也許她們真能成為朋友。

這個世界不是只有一個贏家，其他人就只能當輸家的博弈遊戲。但在某些特定情況下，的確是零和。有時，我們曾經與某些寧可結盟的人直接競爭。某次，艾米娜托與晉升機會失之交臂，升職的年輕女性剛好與她常有歧見。兩人因為職位的緣故，經常在如何最有效運用資源的問題上針鋒相對，而且她們的工作風格南轅北轍。如果故事拍成有性別歧視的電影，情節就是兩人每次在會議後一定會嘟囔著：「真是個婊子！」但在現實中，她們找到彼此合作的方式，這位女子後來再次升職，便大力推荐艾米娜托填補她留下的空缺。你可以希望主管選擇提拔你，也能期待這次升職是你而不是別人，卻依舊擁護「閃耀理論」——只要你看清楚事情的本質。

偶爾感到嫉妒或羨慕並不是「閃耀理論」的失敗，重點是有了這些情緒之後該如何採取行動。即使你沒和遇見或聽過的每個人都建立終身互助的友情——應該也不可能——「閃耀理論」仍可以幫助你繼續前進，而非只是懊惱、生悶氣。

有些人會說，與他人分享資訊，自己就會失去優勢，但這根本不是事實。「閃耀理論」只會讓我們更接近目標。我們分享資訊，幫助朋友找到新工作，賺更多的錢，或解決棘手的職場問題，我們本身也會因此獲益良多。研究人員亞當．格蘭特（Adam Grant）發現，不擔心與身邊朋友分享知識和資源的人，從長遠來看最有可能成功。

別搞錯，「閃耀理論」是漫長的比賽。在我們剛開始工作時，主要是發揮同理心，或是在人微言輕又缺乏資源的階段，想辦法解決問題。如今年紀較長、稍有地位的我們，依舊不是事事都有答案，但我們已經累積更多人脈、經驗和財務自由，所以我們能用更有意義的方式互相幫忙。我們有辦法提供更多的支持。

「閃耀理論」並未奪走我們的野心，而且恰恰相反。我們這兩個女人只有碰到火燒屁股時才會狂奔，但我們希望追隨長跑運動員莎蘭．弗拉納根（Shalane Flanagan）的榜樣。報導指出，她贏得二〇一七年紐約市馬拉松賽後，投身訓練其他十一名女選手，因為弗拉納根看到需求。她發現沒有女性長跑運動員的社團，她們往往在大學畢業後曇花一現，很快就累垮。弗拉納根身為這門運動為數不多的熟面孔，大可獨占鋒頭。結果她著手幫助潛在競爭對手，從訓練技巧到加油打氣的方式都大方分享。後來這個團體的每個人都入選奧運，《紐約時報》稱為「莎蘭效應」。弗拉納根創造一群追隨者，也精進自己的長跑技巧。她證明人們在具備超強競爭力、處於巔峰狀態的同時，仍然能支持別人，與人攜手合作，結果也非常成功。她告訴《紐約時報》，「當我們獨自取得偉大的成就時，感覺就沒那麼特別。」

弗拉納根也說明「閃耀理論」為何比單純的人脈更深入。她本來可以拍拍其他跑者，說一聲「祝好運」，然後加入男性跑步團體。這種行為就等同在尷尬的應酬場合交換電郵後，就沒有下文了。相反地，她投入時間、知識。「閃耀理論」不是收集通訊方式，或得幫忙我們邂逅的每個人；即使具體實踐，也根本不可能對那麼多人都花費那麼多心思，所以我們總是明確指出「閃耀理論」是長時間又有意義的雙向投資。

這段友誼最充實的一點就是鞭策彼此成長，成為更好的人。而且我們不只享受到「友誼」這個層面。西北大學的研究指出，人們更喜歡與能夠幫助自己實現目標的人交朋友，大家甚至沒意識到這就是他們做選擇時的依據。在朋友身上看到自己想要實現的目標，可以幫助你更接近你勾勒的藍圖。我們確定，這就是我們初次見面那晚感受到的火花。

艾米娜托把某位她所敬佩的成功女性的建議銘記在心：在你提高層次時——好比升職、終於負擔得起奢侈的假期，或參加葛萊美頒獎典禮——看看身邊有誰。絕對不能只有才認識兩年的人。

這個勸告就是要帶著自己的朋友搭順風車。這些人知道你的背景出身，了解你的價值觀；這些人也會提供你所需要的實力評量，幫助你利用你的力量和資源做出最佳決定，你會希望與這些人共享剛掙得的成果。所以我們才喜歡《我家也有大明星》這個影集，儘管內容有許多無聊的男人行徑。我們都很愛看人們一起發光發熱。

雖然我們稱為理論，但這其實是一種行為。而且我們不只是口頭說說，也付諸實行。

♡

「閃耀理論」的形式往往是分享資源、人脈和機會。最能幫助到別人的事情就是居中牽線。艾米娜托找到能留在美國的工作，多虧朋友提供的關鍵內幕消息。安能在洛杉磯找到夢想的工作，只是因為朋友提起她的名字。即使我們婉拒某個機會，也會推薦我們人脈網絡中的人給對方。如果我們有資源，就會盡量刻意聚集同儕，談論他們那一行的狀況。安和另一位年輕編輯曾為華盛頓特區的女記者舉辦無限暢飲活動；艾米娜托和朋友為科技領域的女性建立電郵清單，互相指導求職和技術問題。我們都奉行「請求和提供」（ask and offer），這是「管道天使」（Pipeline Angels）創辦人娜塔莉亞・奧博蒂・諾奎拉（Natalia Oberti Noguera）提出的策略：我們必須具體說出需求，並且清楚表達可以提供什麼回報。這有助於消除向他人求助的污名，敦促我們思考可以分享的所有資訊。

因為「閃耀理論」與透明度相輔相成，如果不知道自己的位階，就不可能提升等級，最高法院就有個案子是針對這個問題。原告是莉莉·萊德貝特，她在固特異輪胎公司擔任夜班將近二十年。有一天，匿名同事在她的郵箱塞紙條提醒她，有三個男同事和她同等職務，薪水卻多了一千美元。萊德貝特對此非常憤怒。（你能想像，六十多歲才發現自己幾十年來被有計畫地壓低工資嗎？如果是你，也會怒火中燒。）當她提起訴訟時，上司還故意分配更操勞的任務給她。但她沒有因此卻步，一路告到最高法院，法院二〇〇七年裁定，萊德貝特太晚提出歧視申訴，不能從資方得到賠償，但她沒有放棄。她不顧最高法院的裁決，依舊向政界講述她的遭遇，最終在國會面前作證。歐巴馬總統上任簽署的第一個法案就是「莉莉·萊德貝特公平工資法案」，讓勞工能更容易上法庭質疑薪資歧視。當我們分享薪水資訊時，對莉莉·萊德貝特和匿名向她密報的人也深懷感激，因為他們教導我們資訊透明有多重要。

「閃耀理論」也可能是警告。早在「#我也是」（#MeToo）運動成為公開受虐、騷擾的普遍標籤之前的幾十年，人們只能悄悄分享哪些男人會濫用權力。安曾和媒體界其他女性共享某個知情者才知道的高深「玩笑」。笑話名稱是「小島」，故事如下：以性騷擾或職權霸凌著稱的編輯和作家都搭上同一班飛機，目的地可能是某個「思想節」大會，結果飛機在小島墜毀（安在舊金山那個愛欺負人的老闆肯定也在乘客名單上）。他們被迫在島上度過餘生，只能互相騷擾。但隨著他們退出職場，安和同事就能將這一行改造成有創意、前衛又公平合理的天堂。

光想像這個場景就很痛快，但也是可悲的應對方法。講這個「笑話」的人，認為這些男人在職場上呼風喚雨，地位難以撼動，旁人無法逼他們為自己的行為負責。

幾年後，事實證明安和同事錯了，這些人當中有幾個在辦公室發表粗鄙言論，或在工作時用公司電腦看色情片，甚至攻擊同事，遭到同事揭發而被免職。但在「#我也是」運動之前，有能力開除這些人的高階主管似乎都不在乎這個問題，「小島」就是重要代碼，女性可以彼此告知哪些男人是真心想指導後進，哪些人很危險，哪些人又介於兩者之間，只是打著專業的幌子把妹喝酒尋歡。「他到底在不在島上？」安和同儕互相詢問。她們可能會警告：「小心，那傢伙絕對在『島』上。」這也是「閃耀理論」的互助方式。

有時「閃耀理論」是幫助外界聽到彼此的聲音。在歐巴馬執政初期，三分之二的高階助理是男性。歐巴馬的前顧問艾莉莎．馬斯托蒙納克（Alyssa Mastromonaco）告訴我們，若能與總統會面就可以提高聲望，也能帶來好處。只要你能說：「我今天去了總統的橢圓形辦公室，歐巴馬問到我的意見，」她說，「這句鬼話就能帶來一百年的紅利。」她和其他女性很快就發現，與總統開會時，很多男人坐在顯眼的位子並不會覺得侷促不安。比較沉默寡言的女員工則傾向於坐在後面，儘管某些人的角色可能更重要。女性間開始互相鼓勵坐到前頭，勇於發表意見。馬斯托蒙納克說：「當你越有自信，就越覺得是把愛傳出去。」

這些女員工還設計所謂的「擴音」策略：只要某個女性發言，另一人就重複她的觀點，而且務必說出她的名字，歸功於她。歐巴馬注意到這一點，開始更常在開會時點名女性發言。女人的聲音被聽到，是因為她們締造策略性的統一陣線。

一旦知道什麼是「閃耀理論」，就能在各個角落見到。

自從我們開始使用「閃耀理論」當成彼此才知道的標籤，安就在「The Cut網站」專欄裡介紹這個概念。當時我們沒想到這就是這種想法的初次正式登場，也不知道「閃耀理論」將廣為流傳，失去控制。總之這篇文章在網路上爆紅。

艾米娜托隱約覺得不安，因為現在全世界都會使用她與安私下分享的概念。這時她已經是專業行銷人員，她知道如果某件事開始在網上流傳之後，很快就會失去其脈絡，有時甚至失去意義。她也知道，如果沒有完善的計畫，保留創意所有權可能是一連串的混仗。

但我們沒有任何計畫。

「閃耀理論」這個標籤得到莫大關注[4]。人們將之用來描述自己生活中的友誼，或用在新聞中出現的顯著案例。我們當初就是因此得知這個概念引發許多人的共鳴，而不是僅限於我們兩人。當我們購買網域名稱時，發現竟然已經有人用了shinetheory.com。慘事還在後頭：那是針對女性的噁心健身網站，上面醒目地寫著「註冊商標」。我們怎麼看都覺得寒毛直豎，這個人不只竊取我們的想法，還遞交資料，聲稱這是他們自己的創意。細節就不再贅述，我們付了根本負擔不起的數千美元訴訟和申請費用之後，「閃耀理論」的商標、網域名稱和社群媒體名稱終於歸屬我們所有。

我們對此呵護備至不是沒有道理。往後幾年，大眾開始討論「閃耀理論」，顯然有些人了解我們是描述投注在彼此身上的心力，有些人則是急著拿來當「女性賦權」的簡便縮寫；這是女權主義的恐怖繼姊妹，用來幫助推銷從生理期內褲到會議門票各種商品，根本就不是質疑企業和政府的運作方式。不止一家科技公司想將他們的婦女歷史月活動打造成「閃耀理論」。有人以此為專題，在TED×Talk上發表演說。有個為「創意人」打造的ＩＧ平台將「閃耀理論」當成收費內容的主題，用來銷售廣告。我們並不排斥建立人脈的活動，卻不想看到「閃耀理論」遭到嚴重扭曲，以致大家避而不談背後的心力和個人風險。

我們也收到幾十封教師和女童軍隊長的電郵，他們提到在教案中運用這個概念。每次看到某人在社群媒體上祝賀朋友成功，我們都樂此不疲。只要看到有人攜手合作，促進個人和集體的目標，就有可能聽到「閃耀理論」。如果這群人向來被權勢殿堂摒除在外，提到這個概念就更不意外。

所謂的權勢殿堂不只是暗喻。二〇一八年，有二十四位從未任職於國會的女性當選眾議員。在第一一六屆國會的頭幾天，這些新領袖中有許多人在網上支持對方，表達欽佩之意。她們開宗明義表示，往後將聯手出擊。紐約州眾議員亞歷珊卓·歐加修·寇蒂茲[5]在推特上說，她為麻州第一位非裔女議員雅仁娜·普斯利[6]感到「無比驕傲」。普

4 想了解「閃耀理論」的討論度，建議讀者在推特、臉書或ＩＧ上搜尋#ShineTheory。
5 Alexandria Ocasio-Cortez，美國眾議院史上最年輕的女議員，針對氣候危機提出「綠色新政」。
6 Ayanna Pressley，民主黨眾議員。

斯利也感謝寇蒂茲：「積極活出#閃耀理論。」

這是相當有力的例子，儘管這些女性看起來一派輕鬆愜意，但政治界絕對是割喉戰場。國會議員彼此爭奪全國媒體的關注和重大任務，也要為選民爭取資源。（就是撥款啊，寶貝！）這些女議員沒有互相殘殺，占據資源，或霸占聚光燈，反而表明她們是朋友。明尼蘇達州第一位索馬里亞裔議員伊爾汗・奧馬爾[7]稱歐加修・寇蒂茲為「正義夥伴」。這群新科女議員很早就呼籲對川普展開彈劾調查，奧馬爾在訪談中表示：「任何女人只要實踐『閃耀理論』，只要互相支持，他就怕死了。」

她們都了解，「閃耀理論」是刻意為之的，這是負責任的，也關乎個人，而且你必須實際付出心力。

7 Ilhan Omar，民主黨籍的穆斯林眾議員。

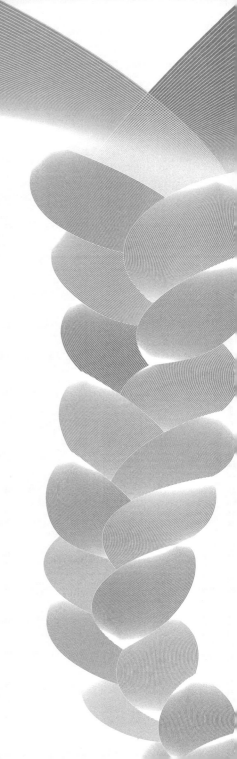

第五章

遷就——伸展友誼的肌肉

事情要從一條神祕的衛生棉條失蹤說起。

艾米娜托在華盛頓公關公司展開新工作，必須比平時更早起床，才能監測新聞，協助客戶錄製電視現場節目。這份工作節奏飛快，她又在午餐後才會真正清醒，她覺得自己隨時都可能崩潰。她的身體也不合作。她向來有嚴重的經痛和驚人的流量，而且問題越來越嚴重，對此她歸咎於工作壓力。這天，她的出血量比平時更多。當她去洗手間換衛生棉條時，卻找不到，找不到的是她陰道裡的那條。起初她很困惑，後來開始恐慌。如果不見了怎麼辦？

新聞快報：衛生棉條不可能在妳體內失蹤到多遠，以至於永遠消失（所以女神才創造子宮頸）。但那天在公司洗手間，所有疲憊突然全面襲來，她開始哭泣。她到底怎麼了？艾米娜托脫掉American Apparel的迷你裙（願它安息），回到辦公桌前，約好第一個能最早看診的婦科醫生。她真希望安能在身邊安慰她，但現在也只能靠簡訊了。

幾個小時後，醫生走進來時，穿著病人袍的艾米娜托正在檢查室坐立難安。婦科醫生操著濃重的烏克蘭口音，開始檢查時就是一連串的陳述和問題。「妳很蒼白，」她說，幾乎沒從兩個馬鐙間抬起頭來。艾米娜托早已察覺此事。身為黑人，看到鏡子裡的自己很蒼白，的確令人擔憂——一般人沒有得到足夠滋潤的確會臉色灰暗，而她卻更蒼白。最近她的皮膚和眼瞼上似乎沒有血色，顯然，陰道也沒有。

醫生檢查骨盆沒找到消失的棉條，但頗擔心艾米娜托的出血量，建議她重新開始吃避孕藥調節月經。艾米娜托如釋重負。終於有專業人士證實她確實不對勁，但她仍然很疲憊。就像你想上岸，海浪卻不斷地把你拉回水裡，儘管你已經氣力用盡，卻還是留在原地，那種感覺你懂嗎？她大半時候都有這種感受。其餘時間，她覺得自己就像那片海灘，充滿了濕答答的沙子。無論她休息或睡多久，還是覺得累。她坐在診間時，開始思考該如何對上司解釋自己的健康狀況。這不是流感或骨折，她沒有理由請假躺平。她決定，只能撐下去。

艾米娜托計畫在隔週出差到紐約做工作報告，一想到要離開家，經血量又這麼大，她就比平時更焦慮。醫生開了處方箋給她買避孕藥，指示她服藥就能減少出血量。

當醫生打來時，艾米娜托正在出差——其實她正要起身上台說話。她聽到驚慌失措的烏克蘭口音：「妳在哪裡？馬上去急診室，艾米娜托。」醫生逼她抄下測試數值，堅持要她去最近的急診室。艾米娜托掛了電話，做完簡報後，就到幾條街外的醫院。她打電話給住在布魯克林的梅賽德絲，她是大學時期的好朋友，艾米娜托把自己的位置告訴她，但請她別擔心。結果梅賽德絲立即跳上車，帶著雜誌和零食趕去。

這時，遠在千里之外的洛杉磯的安瘋狂傳簡訊，問梅賽德絲最新消息。她知道艾米娜托最近不舒服，現在更是急轉直下。安痛恨自己的無助感，多希望自己搭計程車就能趕到醫院。

醫生做了更多項的血液檢查，很快就有結論。這是缺鐵性貧血。所有症狀一一出現：頭腦不清、疲憊、蒼白、腿抽筋、失眠。醫生說這類貧血在孕婦或經血量大的人中很普遍。顯然大量失血是罪魁禍首。有個急診室醫生說，就艾米娜托的血紅蛋白數值來看，他以為她會暈倒，難怪她的婦科醫生這麼擔心。的確非常不對勁。

輸血後，艾米娜托感覺煥然一新。不再感到腦霧，不會覺得身體就像一灘海沙。走路也不會覺得頭痛，皮膚恢復血色。當晚，艾米娜托睡在梅賽德絲的床上，相信有了診斷結果，一切都會好轉，她因此感到平靜。

然而這只是部分診斷。醫生發現她的大量經血是貧血問題的根源——因為貧血，她總是疲憊不堪——但他們不明白艾米娜托為何每個月都會大出血。幾週後，她又去了急診室。沒多久，她每隔幾個月就得輸血一次。

慢性疾病成了艾米娜托必須接受的新事實。

如今她的人生分為「好日子」和「壞日子」。「壞日子」來得毫無預警，打亂所有事情。她無法下床，累到無法洗澡，也無法到門口拿報紙。她沒有力氣和朋友去看比賽、一起無限暢飲，甚至無法參加好友的婚禮。艾米娜托認為自己是守信的人，但她似乎無計可施。她發現自己只能等到最後一刻，看看能不能踏出家門，那時才會發現她沒辦法。每當她強迫自己出去，總是疲憊又難過。

她厭倦自己的狀況沒有明確的醫學解釋，卻又嚴重到會錯過重要的人生大事。她厭倦與她一樣困惑的醫生交談，也厭倦談論她有多厭倦了。

安看到她越來越緊繃。艾米娜托努力回報身體的最新狀況，但她自己都不了解究竟是怎麼回事，更難清楚說明。不光是安反覆詢問她的病情細節，艾米娜托後來才發現，她巧妙迴避許多朋友的問題。她的所有病歷都攤出來供人討論。如果她說：「我不舒服，感冒了。」每個人都能理解，不會進一步打聽。但她不是感冒，需要接受許多醫療程序，而這些往往涉及身體非常隱密的部位，朋友也總會接著問下去。但她不想分享每個痛苦細節，她想要保留隱私。

同時，她也擔心朋友們會厭煩問她健康狀況，最終乾脆不再聯絡。找不到具體診斷的時間拖得越久，艾米娜托越封閉自己。她不想要任何人的憐憫，也不想成為朋友的負擔，這是痛苦的漩渦。「壞日子」接踵而來，她感到沮喪，避開每個人，朋友擔心想幫忙，她又把他們推得更遠。沒完沒了。

但是安在千里之外，艾米娜托不必為了取消這些遠距朋友的約會而愧疚。多虧了數位聯繫方法，她不用離開舒適的沙發就能出席。

我們還不太熟悉該如何保持遠距離友誼，但我們平安度過了這種變化。我們定期視訊聊天。（為了用數位方式和艾米娜托保持聯絡，安把她那台古董級的筆記型電腦升級成內建鏡頭的新款麥金塔。）我們經常傳簡訊。每隔幾個月，只要我們有機會到東、西岸參加婚禮或出差，就會請假幾天去找對方。我們懷念以前說走就走的週間日下班聚會，但基本上，我們不覺得現在這樣有太大變化。

只是那是在艾米娜托生病之前。隨著她的「壞日子」越來越多，遙遠的距離開始給安帶來壓力。她不想探人隱私，但她常常不確定艾米娜托的健康狀況，也不清楚對方的真實心情。安比較擅長當場評估朋友的情緒，但如果是透過電話或電腦，她就沒把握。

艾米娜托：好啦，告訴妳，吃四顆避孕藥會有什麼影響。

艾米娜托：〔刪除〕

安：哈哈哈哈哈，艾米娜托。

艾米娜托：〔刪除〕

安：我快笑死了。

艾米娜托：這就是我的人生。

安：老天鵝啊！

安：我們什麼時候可以視訊聊天？我好想妳，快受不了了。

安愛死艾米娜托的笑話（為了保護無辜者，我們只能刪除這些笑話），但她也知道，艾米娜托擔心或焦慮時，會用幽默轉移話題。安一邊大笑，一邊想如何能讓對方開視訊，她就能看到艾米娜托，評估對方的真實心情。有時她會成功。

然而多數情況下，安都不知所措。艾米娜托要看診時，安可以發簡訊關心，還能寄些緩解貧血的牛肉乾和富含鐵質的穀類零食。但艾米娜托需要的支援往往是需要能親臨現場的朋友，這個人可以敲她的門確定她好不好，在家陪伴她，或陪她去看病。這些都是人在西岸的安無法做到的事情，她始終掛念著艾米娜托。但是她也不想每次都向對方詢問病情，因此安經常向共同的朋友打聽，了解最新進展。她以前從沒那麼感激兩人有這麼多共同朋友，但同時又覺得愧疚，因為打聽艾米娜托也等於是在背後議論她。安知道艾米娜托非常看重隱私。

我們以為彼此之間的實際距離沒什麼大不了，但慢性病證明我們錯了。我們開始覺得受到考驗。

♡

當我們拚命回憶體育課上課的內容時，請耐心等候。（應該說，是艾米娜托在體育課學到的事情。安在體育館只學到丟臉和怨恨。）說到運動，你可能明白伸展的重要性。即使是我們這些寧可坐在家裡看居家樂活頻道（ＨＧＴＶ）卻不肯穿上運動鞋的人也知道，不能光增加肌肉或成為有氧運動大師，彈性也很重要。為了增加靈活度就必須伸展。事實上，隨時都要伸展。

伸展可以維持肌肉強壯、保持健康，有靈活度才能維持動作範圍。不伸展，肌肉會縮短、緊繃。活動要用到肌肉時（但願你不會決定真的去慢跑），肌肉就很虛弱，無法完全伸展，以致疼痛、損傷。如果從事體育活動前才伸展，不會突然就有完美的靈活度，必須持之以恆，付出努力。（這是我們從物理治療中得到的昂貴建議。不用道謝，不客氣。）

這個原則也適用於友誼。伸展是我們所能想到的最好比喻，可以描述朋友如何拓展我們的世界，邀請我們，激勵我們改變。打從一開始，就有必要互相遷就，因為沒有兩個人完全相同。人生也一定會有所改變，這些變化往往會動搖友誼的基礎。事實就是如此。你不是十年前的你，十年後也不會完全一樣。成為真正的朋友要細水長流，必須與時俱進。

友誼早期就會有些小遷就，好比盡量不在意朋友一天後才回簡訊，或承認你們喜歡不同的音樂類型。接著還會有更大程度的遷就，通常是晚點才會出現。也許你們以前住在同一個社區，現在住得更遠，你們必須決定在誰家附近見面。也可能是更大的遷就，例如你們以前經濟能力相當，後來一方開始賺更多錢，每次付賬時，氣氛都突然變得很緊張。此外還有更大程度的遷就，好比有人搬走、生兒育女，或罹患慢性疾病，這就像重新討論友誼條款。你們的友情可能持續多年，彼此熟知如何遷就對方，結果其中一人開始上夜班、扛起照顧家人的重責大任，或遇到未來的伴侶，你們兩人就得學習全新的舞步。

健康的友情是兩人能互相遷就。當你們勉強自己讓步時，就是努力摸索如何適應彼此的差異和友情的變化。這就像運動，有些情感的伸展（遷就）很痛快，有些則讓你覺得無法再忍受。伸展（遷就）是種挑戰，既困難又有成就感。勉強伸展（遷就）的次數不必時時刻刻都覺得公平等量，有時一方會需要另一人付出更多，但長遠下來，付出與收穫必須均等。

有時，勉強伸展（遷就）不費吹灰之力，我們稱為被動伸展（遷就）：做就對了，連想都不用想。你們碰巧同時培養新嗜好。你可能發現自己對席琳·迪翁知之甚詳，就因為朋友是超級粉絲，儘管你向來不喜歡這種流行經典。也可能因為朋友摔斷腿，無法再相約每天散步，你們就輕易改變生活習慣。

但多數遷就，尤其是與人生改變相關的事件，我們都得主動讓步。朋友搬到三千哩外，必須用視訊聊天，不能再期待他們輕鬆套上運動褲就能到你家。儘管你害怕面對，但依舊逼自己談起朋友對你的具體傷害。朋友為人父母或換了一份耗時的工作，你們相處的時間變少，得想辦法維持友誼。主動遷就可能困難重重，你不確定是否撐得下去。

艾米娜托的慢性病就逼迫她得主動遷就。對艾米娜托來說，她很難做到尋求支持。大家都主動幫忙，當然也是一片好意。她以前曾經接受幫助，但對方背信了，她因此感到失望，後來也很難再開口要求。就更深層涵義來看，求援就是承認自己的脆弱，對於一個極其獨立的人來說，更難以啟齒。每當有朋友好心又看似不經意地問：「我能做什麼？」她都得忍住不皺眉。有時答案真的就是「沒辦法，除非你是醫生。」但人們聽到這樣的回答又會感到不舒服。有些朋友宣稱能理解她不能出門，卻露出失望的表情，她光和這些人對話都覺得是遷就。

艾米娜托的病情也挑戰安的應變能力。她必須想辦法在不侵犯艾米娜托隱私的前提下，了解她的最新病情。安無法親自去她家，卻又得想方設法為朋友加油打氣。安一定得與艾米娜托的朋友建立更緊密的情誼，因為他們都想確保艾米娜托平安無事。

這種發揮最大能耐的讓步之所以行得通，是因為安早有這方面的經驗。她碰過最大也最早期的友誼遷就，是源自另一個朋友和不同的慢性病。安的高中閨密布麗姬開始憂鬱時，她們才剛進入青春期。這個階段即使沒有心理問題，也是很可怕的時期。布麗姬很痛苦，確診為慢性憂鬱症和服用百憂解對她有好處，但同時也帶來傷害。雖然安對精神疾病很陌生，但只有她知道好朋友的狀況有多糟糕。

儘管安難以理解朋友的經歷，兩人也只能待在各自的臥室，她還是會陪伴布麗姬好幾個小時（在智慧型手機問世前的能力範圍內）。只要上同一堂課，她們多半形影不離，分享彼此的喜怒哀樂。因為她們非常要好，所以布麗姬要隱藏心事更是難上加難，她只能直言不諱地說出自己的病情和需求。

「現在只要我必須說出自己的心情或需要，就回想高中時期，」多年後，布麗姬這樣告訴安。「我想著我會怎麼告訴妳，妳又會如何回答我。妳高中時對我說的話一直留在我腦海中，我就是在當時學會如何與人分享心情，而不是藏在心裡。」

安因此學會如何幫助慢性病的朋友加油打氣。她知道怎麼為布麗姬伸出友誼之手，所以她也能扶持艾米娜托。艾米娜托也漸漸學會如何伸出友誼之手，繼續與朋友來往。她非學會不可，因為慢性病顧名思義就是看不到盡頭的疾病。

就算人生稍稍順遂，我們依舊得繼續練習伸展友誼的肌肉。綿綿無盡期。

♡

如果彼此遷就的概念讓你冒冷汗或心生猶豫，那也很正常。大部分的人不喜歡冒險離開舒適圈，尤其是涉及到友誼，因為我們自幼接受的教育，就是交朋友應該是輕鬆愉快的事。對我們兩人而言，試圖遷就具有挑戰性，因為我們都自認能幹，害怕一旦嘗試遷就時會發現自己居然不夠靈活、笨手笨腳或徒勞無功。有時我們也擔心朋友不肯像我們一樣做出最大程度的遷就、忍讓。歸根究柢，我們是好逸惡勞的動物，不喜歡焦慮驚慌。安每次上團體瑜伽課之前也有同樣的顧慮，艾米娜托還沒報名半馬也是出於相同的原因。

有時，為了克服朋友之間的歧異，難處不在於互相遷就，而是一種比較像內傷的感覺，遷就和內傷的差異很難區分。如果友誼中的一個人一直付出更多——配合對方的需要，或是不斷解釋自己的行為，但對方彷彿不以為意——這可能就是內傷，而不是遷就忍讓。如果兩人遷就的速度和付出的程度不同，當一個人的要求總是多過付出，友誼就會開始分崩離析。

在當下可能很難識別單方面的遷就，因為不可能每件事**時時刻刻**都覺得彼此付出對等。「當朋友對我們提出過多的要求時，我們也許仍會讓步，因為對方有這樣的需求，」溫哥華私人診所治療師嬌登．皮克爾（Jordan Pickell）說。但她提醒我們，一定要留意自己是否產生憤怒、埋怨或沮喪的情緒，因為那就是遷就程度超出自己能力所及的訊號。「雙方必須溝通，因為這已經不是彼此關心、互敬的關係了。」皮克爾繼續說，健康的友誼是「人們必須表達真實的感受和需求」。

儘管我們都為對方付出最大的努力，彌補距離和疾病的障礙，但關於「表達真實感受」這部分卻做得不太好。我們盡力遷就，卻沒即時分享我們的心情，後來因此遭到反撲。但我們至少知道，有必要努力遷就，盡力完成。

沒有人教我們該如何為朋友盡心盡力，所以很難弄清楚究竟該付出多少成長的代價，又或犧牲多少才值得。如果是為了配偶？當然，你們必須拚命配合對方、一起改變，市面上也有許多相關的書籍，或是找婚姻諮商師也可以。如果是為了家人？這方面也有專門的治療師。朋友呢？即使彼此形同手足，一旦友誼出現摩擦，一言不發拋棄對方，也不會遭到世人譴責。你完全有權利徹底與他斷絕往來。

哪種友誼值得你不斷遷就忍讓？每個朋友回答的方式，往往決定哪些友情會失敗，哪些更深厚。對艾米娜托而言，在她完全遷就，或完全不遷就之前，無法判斷一段友誼是否值得。她只會選擇做或不做，沒有模糊地帶。如果友誼伸展操很有趣、很刺激，或在情感上沒什麼風險，她都肯做。朋友想展開任何冒險的旅程，或想約她從事任何活動，她都會答應。然而只要某段友情讓她不自在，而且長久以來，無法獲得開心的回報——例如伸展操（遷就）中有充滿壓力的對話，她可能會轉頭就走，後來才會意識到她不覺得這段友誼需要她辛苦遷就。她正在改善這一點。

安也認為，有些遷就忍讓很容易被歸為值得一試。她喜歡被逼著重新審思對某些書籍或電影的觀點，只因為朋友不同意她的看法。如果這段友誼漸漸令人覺得不愉快，需要更深層的遷就退讓，安有時會決定不再努力。如果她覺得自己比對方投入更多，短期之內又看不到改變，她也會停止付出，靜待對方靠近。如果朋友從未有任何表示，她也不會為此輾轉難眠。交情越久，她越可能不求回報地付出。但即使老交情也有限度。對安而言，決定不再勉強維持友情通常是漸進式地進行，而不是立刻斷得一乾二淨，突然人間蒸發只會讓人覺得被冷落、情緒勒索。她正在努力改進！

你沒有必要為朋友遷就忍讓，也可以任友情隨風而逝，無論是哪種做法都屢見不鮮。如果友誼正處於萌芽階段，更可能因此告吹，因為你們還沒有為對方犧牲的意願，還可以想像自己的人生沒有這個朋友。如果你們認定彼此是自己選擇的家人，如果你們願意一起實踐「閃耀理論」，如果你們想長久留在彼此的人生中，你們的友誼就夠偉大，值得付出更多努力。當你們其中一人搬家、懷孕、找到新伴侶或轉型（這裡請自行填入你覺得重要的改變），風險就很高。但若你們不一起面對轉變，友誼可能就此不保。

友情最教人抓狂的一點，就是你們不見得會同時發現需要遷就忍讓。有時一個遷就到快內傷，而另一個人卻根本沒察覺。如果你不是出力遷就的那個，可能很難注意到你的朋友為了維持友誼所付出的心血。

有時則是你們兩人都沒有意識到你們應該互相遷就。雖然在友誼中沒有衝突，但後來也完全斷絕了聯繫。長久以來，彼此相處融洽、輕鬆，其實也是一種威脅，因為很多事情都沒說出來，有很多事情都被當成理所當然。我們很容易忘記人們會不斷改變，所以很多友情無法撐過人生的重大轉折。如果你不能坦然承認，新情況影響到你們的友誼，就無法努力遷就，加以彌補。這種情況有個常見的形容：「我們漸行漸遠。」我們一定會改變，但不是每段友誼都經得起這些改變。

老實說，一般人不太可能樂於遷就忍讓。除非早就練得靈活軟Q，否則可能會感到痛苦，至少會覺得不舒服。但如果是真正的朋友，彼此會決定不斷遷就，配合對方，而且往往是一而再、再而三地做出這個決定。他們也許覺得困難，但決定不離不棄。事實上，他們可能漸漸發現要當朋友就必須互相遷就，這也是為了適應人生無可避免的變化。

唯有決定遷就、配合，我們才會更強大，更茁壯，而且非得這麼做。當我們努力遷就時，當下不見得有趣，但當我們回顧過往，就會發現正是這些挑戰，讓我們更強大、更睿智、更有彈性。

第六章

朋友圈——

我的朋友們VS.你的朋友們

我們第一次去奧斯汀是認識一年左右，那次艾米娜托安排了卡拉ＯＫ之夜。電子郵件邀請函上寫著：「時間這麼少，要創造的回憶卻那麼多。」關於這個體悟，她早知道了！

在潮濕的地下室廉價酒吧（愛你喔，Ego's[1]），安見到艾米娜托那群熱情、搞笑的大學朋友。布蘭妮就像她崇拜的每個擁有熱熔膠槍的中西部女神，又帶一點德州風格。萊絲莉是德州最機靈的人，安娜逗得她開懷大笑。萊恩教她跳兩步舞。艾米娜托的朋友們見到了安的閨密拉拉，她也在奧斯汀。那個晚上的氣氛美好融洽。大家唱著二重唱，喝龍舌蘭，拍了一狗票照片。就像萊絲莉後來寫的電子郵件說，「艾米娜托的認可是這片土地的最高榮譽，眾神希望榮耀歸於我們。」

大家能聊得這麼痛快，是因為這不是陌生人的聚會。多虧網路，我們的朋友圈已經有粗略的交集。我們第一次認識彼此的遠方朋友是透過谷歌閱讀器的共用貼文評論[2]，這種社群媒體早已不復存在，但我們每天懷念它。基本上，谷歌閱讀器是私人的社群發文媒體，可以分享你訂閱的博客和網站的貼文，朋友可以留言。我們知道聽起來很像臉書或Instagram等，但相信我們，這個更好，因為它沒有流行或公開到足以吸引網路酸民或網紅。我們在留言中拿政治開玩笑，分享食譜，批評時尚部落客的造型。突然間，我們不僅聽到遠方朋友的故事，還和他們分享我們才知道的笑話。

卡拉ＯＫ之夜的五年後，世上出現新詞彙形容群策群力的朋友網絡。你會希望大家用#SquadGoals（死黨行動）這種概念看待自己的朋友，多虧泰勒絲推波助瀾[3]，眾所皆知，她開始在ＩＧ上貼出與模特兒、演員和歌手朋友的合影。後來她在門票銷售一空的世界巡演中帶閨密上台，而且每個人剛好都性感無比。

透過閨密增加影響力的人，泰勒絲不是第一個，也不是唯一一個。早在白人女孩的ＩＧ標題放上這個標籤之前，饒舌歌手就在熱門歌曲中唱出自己的死黨。幾世紀之前，squad是軍事用語，是一起上戰場的組織性小組或戰略單位。後來，#SquadGoals被洗白、女性化，成為流行用語，這個標籤代表一群女性閨密，這個短語單純又可愛，令人嚮往，還能當成行銷點子，鼓吹女性成群結黨很重要。這顯然是資本主義的陰謀。

以前女性會隨口說「喔，我沒有女性朋友」，現在可不成。以前說女性之間的友誼

1　奧斯汀的酒吧。

2　作者註：Google Reader於二〇〇五年十月七日啟用，二〇一三年七月一日停止。現在谷歌閱讀器網站寫著：「我們知道你們可能不同意這個決定。希望你們會像喜愛閱讀器般喜愛這些替代選項。」結果我們沒愛上任何一個替代選項。

3　作者註：在谷歌上搜索「Taylor Swift + squad」，會找到很多代表性的圖片，以及關於這個小圈圈有誰進來，又有誰離開。

只會讓人身心俱疲，這種說法也過時了。如今團結一心被視為基本的求生策略，只有說不完的優點。現在對任何名人而言，這也是方便又省事的公關手段，可以輕鬆營造平易近人的形象。

影集描述的友誼已經成為家喻戶曉的典型，後來又延伸出姊妹淘（squad）這個概念。剛好可以塞進有咖啡館長沙發，或早午餐四人桌的固定成員才容易寫的劇本裡。巧的是，能夠融入美美的合照，標註#死黨行動的人數，剛好也和影集上場的人數差不多。流行文化情節的限制擁護的概念就是死黨擁有固定成員，其他人不能加入，而且每個人各有特色（「我代表米蘭達」）。

大家對死黨、姊妹淘的反應熱烈，另一個原因就是表演起來很容易——不僅是泰勒絲這類名人，我們人人都包括在內，觀眾就是社群媒體的朋友。IG貼文已經成為展示交遊廣闊的方式。我們很容易看到，死黨的概念越來越流行，但也很快變質。儘管死黨的概念以女性賦權的面貌問世，卻迅速轉型成《辣妹過招》[4]女王蜂炫耀友情比較高檔的方式。**看到了嗎？看看我們這個完美團體，妳永遠無法加入，頂多只能當冒牌貨。**這是變調的「閃耀理論」。

不出幾年，就連泰勒絲也批評死黨的概念。她為《ELLE》撰寫的文章〈我在三十歲之前學到的三十件事〉中寫道：「小時候不受歡迎一直給我帶來不安全感……但二十多歲時，我發現自己身邊的女孩都想成為我的朋友，所以我在屋頂上大聲喊叫，上傳照片，慶祝自己成為姊妹淘的一員。沒想到其他人會像我當初一樣孤單。」

其實我們沒有死黨，有的只是不斷改變、錯綜複雜的朋友圈。這種脈絡沒辦法靠一張照片就輕易呈現，但我們透過朋友圈這種直觀表示法，看清我們與所愛的人如何建立關係、找到聯繫。朋友圈囊括我們孩提時代、大學時期、待過的公司、住過的城市，以及我們曾交流過的社群團體。「結婚就是和對方全家共同成親」是主流人士幾代以來都在傳頌的婚前建議，這也適用於友情。當你和某人成為好友，他們的朋友也會和你往來頻繁，反之亦然。要打進死黨只有一種方法（而且名額也不多），但要進入朋友網絡，方法卻很多。

即使最深厚的友誼也需要其他出路，那就是：不能光靠一個朋友。朋友圈就是承認我們每個人之間都有關聯，而且要活得健康、快樂、成功，需要全體的扶持。就像蜘蛛網，朋友圈可能非常脆弱，也可能格外堅固。有些黑寡婦蜘蛛網非常有彈性，即使延伸

4 Mean Girls，講述高中時期青少女勾心鬥角的電影。

到遠處，也能當成吉他弦般撥動，不會斷裂。這就像你認識了一輩子的摯友，雖然相隔兩地，卻有一定的感情基礎，就算一段時間不聯絡，也能輕鬆重拾交情。有些蜘蛛絲抗拉伸的強度比克維拉纖維[5]強上三倍！很神奇吧？我們最親密的核心友誼可以承受最大的人生挑戰，彷彿就像這種超強彈性的蜘蛛絲所織成。其他蜘蛛網是匆忙織成，一陣微風就能吹走，就像夏令營臨時交的朋友，或尚未經過考驗的新朋友。朋友圈也一樣，就看編織的人是誰，又是在什麼情況下織成，也許牢不可破，也許弱不禁風。每個朋友圈都不一樣。

其實研究友誼的學者對相互連結的人類也有同樣的評論：這張網絡圖得由其中的成員定義。記者莉迪亞．丹沃斯（Lydia Denworth）在她的《友誼》（*Friendship: The Evolution, Biology, and Extraordinary Power of Life's Fundamental Bond*）一書中寫道：「每個人都是更大網絡中的節點。」然而兩個人有關聯，不代表他們對這段關係有相同看法。丹沃斯解釋，社交網絡的第一張關係圖可能是在一九三八年繪成，當時研究人員要記錄佛蒙特州某小鎮的友誼。關係圖的中心是「多友女士」，有十七人認定她是摯友，她卻聲稱她只有兩個手帕交。光從不同認知的這點，就能窺知朋友圈多麼複雜，每張關係圖都不一樣。多友女士認為她的朋友圈只有三人，鎮上其他人的圖則大不相同。

因為我們兩人已經是多年好友，彼此的網絡在很多重要之處都有交集。我們不僅直接與對方有關聯，中間還有許多共同的朋友。有人說，介紹朋友會讓他們感到焦慮，或覺得這不是好主意，我們卻深信，如果朋友圈有交集，生活會更多采多姿。能介紹朋友給彼此認識，我們感到無比開心。我們安排兩個人認識，看著他們建立情誼能帶給我們莫大的成就感。人生中不同領域的朋友能相知相惜，我們覺得真是太棒了。

我們在朋友圈中處於最佳狀態時，會慶祝彼此的成功，盡力展現健康、負責的關係。我們努力把對方的摯友當親人：了解他們，不說他們的壞話，了解他們人生正在發生的大事。把周遭其他人視為責任感、幸福和成功的典範，而不是當成競爭敵手般盯著，其實是放過自己。朋友圈可以讓「閃耀理論」得以蓬勃發展。

我們無法用相機一次拍下整個朋友圈。但是很多朋友是透過網路結交的，科技可以幫你看到彼此之間的許多連結。二〇一三年，麻省理工學院的媒體實驗室創建某種工具，可以用一個人的Gmai，產生此人社交網絡的圖形化結果。這個系統名為「沉浸」

5 Kevlar，美國杜邦公司的合成纖維，被廣泛運用在軍用頭盔和防彈背心等。

（Immersion），可以畫出你如何認識收到你電郵的每個人——大概就是你生命中的每個人。這套系統根據每個新朋友初次出現在你收件匣的時間，就能準確說出誰是你們的介紹人，還能指出哪些朋友也彼此認識。

當陰謀論者連結所有線索時，一定能從這種圖表有所收穫。任何與你通過三次以上電郵的人都會被列為「合作者」。在圖表上，每個合作者就是一個圓圈，彼此之間有線條連接。你和某人通過的電郵越多，圓圈就越大。滑動底下的時間軸，就能看到不同人的圓圈變大或縮小。前任情人消失了，一群群新同事出現。你還能看到某些友誼越來越重要，其他人際關係都因此黯然失色。

當我們使用這套系統時，我們都是對方收件匣宇宙中最大的太陽。因為我們已經把對方介紹給同事、大學朋友，住過的地方的朋友，很多相同人名出現在我們各自的圖上。這就是明擺著的朋友圈。

你可能聽說過鄧巴數字（Dunbar's number），也就是一般人投入情感的社交網絡頂多只有一百五十人。這是英國人類學家和進化心理學家羅賓・鄧巴（Robin Dunbar）的理論，他說人類是在小團體中進化的，維持重要關係的能力有限。鄧巴發現，多數人有五個關係極其密切的朋友（也就是真正的朋友和其他的親密關係），十五個定期聯繫並在情感上至關重要的人，五十個有強烈情感聯繫的人，以及八十個關係稍遠但仍是生活中的重要朋友。這些數字通常以一系列同心圓表示，中心是一個人，所有環上的數字相加共一百五十人——這是人類能夠維持強大關係的假定最大數量。

然而，對我們來說，即使是在某個特定時刻，也無法輕易將朋友圈變成同心圓。有些人即使不是直接的朋友，也與我們有重要關係。有些人在某個特定朋友群或環境中特別重要，占據朋友圈的一角，但我們聽到壞消息時不見得會馬上打給他們。有些人在過去對我們很重要，但我們不會每天發簡訊給他們。朋友圈比死黨或鄧巴的同心圓更複雜、串聯關係更經過巧妙的安排，所以我們才覺得真實。

友誼研究的先驅學者威廉・羅林斯（William K. Rawlins）告訴我們，幾乎沒有人針對朋友圈內的互動做研究[6]。多數關於友誼的學術探索都集中在一對一的關係，彷彿友情是存在於社會真空中。就文化層面而言，並未討論廣泛和重疊的朋友圈的預設規定。很少有人詳細說明自己的期望和不安全感，然而往後一定會碰上無可避免的問題，就是當你介紹認識的兩人意見分歧時，你會怎麼辦？你對朋友的行為該負多少責任？何

6 作者註：羅林斯在寫給我們的電郵中說：「我昨天在班上告訴學生，針對朋友團體為主題的文獻少之又少，我自己也從未探索過。」

時該分享你和其他朋友間發生的事情，怎樣又算是破壞性的八卦？

對於介紹、整合和維持各自朋友圈的機制，我們經過慘痛的教訓後，才明白彼此的處理風格大不相同。艾米娜托經常因為工作或個人原因介紹朋友互相認識。如果她辦聚會，一定介紹有共通點的人互相認識；如果參加聚會彼此認識的人不多，她也會炒熱場子，殷勤招呼。父母就是這麼教她的。安從小都沒碰過陌生人，因為家人始終和同一批天主教教友往來（次數多到她曾戲稱他們是「邪教教會」）。成年之後，她立刻欣然接受介紹人的身分，但她的態度卻是完全不介入。安認為被介紹者雖然是透過她認識，但她沒必要為他們可能發生的問題承擔任何責任。她認為，大家都是成年人，可以自己處理。然而在艾米娜托看來，如果你介紹兩個朋友認識，其中一方對另一方態度惡劣，你就必須介入。而且她認為，如果自己和他們兩人關係特別好，他們的矛盾也會影響到更大的朋友圈動態，因此自己可能有責任調解或幫助澄清。

如果你體驗過錯綜複雜的巨大朋友圈帶來的喜悅，一定也會經歷朋友圈帶來的痛苦。

我們就有經驗。

安即將慶祝三十歲生日的前幾個月，她努力計畫想以理想的方式迎接新的十年。她剛應徵上夢想的編輯工作而搬到洛杉磯，雖然她交到幾個朋友，但工作繁忙，幾乎成天都和同事待在一起，她非常希望能遠離工作休息一下。她還沒打電話和朋友報告近況，也想找時間和朋友圈中的遠距離成員碰面。

當時我們兩人常為了參加朋友的單身派對或婚宴出遠門，老實說，我們已經累了。要是旅行可以單純放鬆、享受，而不是去參加婚禮，要是可以耍廢好幾天呢？附近的約書亞樹沙漠就是最佳地點，離洛杉磯近，又能吸引住在酷寒城市的朋友在一月份前往。

艾米娜托最喜歡去溫暖的地方度假，所以當安提出去沙漠租房子的想法時，她毫不考慮就答應了。她住在華盛頓特區，一直沒機會穿寬鬆的長袍。

最初的電郵主題是「沙漠女郎生日趴」，安邀請朋友圈中各處的女性——高中、大學以及在舊金山、華盛頓和奧斯汀工作認識的女性——到約書亞樹和她一起慶生。「我決定了，最棒的事情就是和我喜歡的每個女人在南加州的房子裡玩耍慶祝、吃美食、看爛片、泡熱水澡、抽一堆大麻、喝很多威士忌、聽很多超屌的爵士樂，總之就是一個開心，」她寫道。「而且不必穿褲子，只穿長袍。」（我們還是覺得這些形容都很棒，除了用「屌」來形容爵士樂。）大家都興高采烈地立刻回信，艾米娜托還做了幾份試算表規劃後勤工作。每個人都訂了去洛杉磯機場和棕櫚泉的機票，並帶上最飄逸的服裝。

就這樣，宣稱寧靜祥和、不必穿長褲、胸罩、僅限女性參加的夢想假期，「沙漠女郎」就此登場。

棒透了！我們和十幾個最投緣的女生在美麗的高原沙漠租了一間房子。僅限女性的假期有許多吸引人之處，但「沙漠女郎」的精髓是完全擺脫男性的注視。這個空間毫無浪漫氛圍，暗示參加活動的女性請勿互相勾搭，她們的另一半也不在受邀之列。這是朋友一起放鬆的理想假期。

在這個「沙漠女郎」聚會，最重要的規則就是艾米娜托的朋友布蘭妮所謂的「聽從身體」：順從身體渴望的簡單哲學。一般人在日常生活中可能出乎意料地難以遵循這個概念，因為我們上班時要面對壓力，而且一旦只選擇舒適而不是美麗或產能時，就會遭到批評。

在沙漠中，「聽從身體」成了一句口號。我應該光著身子做日光浴還是精心製作點心？「聽從身體」！我該抽大麻之後去游泳，還是抽了之後去散步？「聽從身體」！那年，我們十七個人都陶醉在沒有人評論我們的身體或我們的選擇的環境中。我們發現，髒杯子和盤子似乎神奇地就自動洗好了，因為大家都各司其職。屋裡有玉米片和雞尾酒，有即興舞蹈和各種面具，還有許多不著邊際的對話。午夜時分，我們對著月亮袒胸露乳，引吭大叫。

我們原本沒打算將這樣的聚會當成固定趴，但週末尚未結束，已經有人開始談論明年一定要再辦一次。當時我們沒仔細想過，每年辦一次會遇上困難、會有多怪異或搞小圈圈的問題產生。我們也沒想到，朋友圈不僅會擴大到無法裝進ＩＧ的照片，人數也增加到無法放進一棟房子。我們只知道隔年想要再辦一趟旅行。

第二年，安又給大家發了電郵，主題是「不穿長褲的沙漠聚會第二集：重返約書亞樹」。這次的規模更大、更大膽。當初的十七名女生都受邀了，但此時安在洛杉磯的朋友圈已經擴大到增加為六人。還有幾人也攜伴參加，最後統計結果是二十六人。安在棕櫚沙漠發現一間怪房子，裡面有一大堆雙層床，屋主顯然是虔誠的信徒。每間臥室房門都漆著《聖經》中的卷名。有人開始開玩笑說我們所有人都是「後宮佳麗」。這次同樣有長袍、美食和對月狼嚎。艾米娜托第一次見到安在某些洛杉磯的好朋友（雖然她們在網路上已來回傳訊數十回），她們不斷對彼此說「我覺得我好像早就認識妳」。

第二年過後，安覺得初次參加者和朋友帶來的同伴，就是發揚「沙漠女郎」這個傳統的完美人選。沒錯，原意是為了幫她慶生，也是由她主動發信和預訂場地，但她不再覺得這是「她的」週末，她也害怕為受邀者才能參加的「沙漠女郎」承擔全部責任。她認為，朋友只要受邀一次，以後就是基本成員。在她看來，「沙漠女郎」成了參加者打造的共同體驗。因此，這個團體不斷擴大，就不再只是與安的個人朋友圈有關。第三年共有五十個女生參加，我們得找個更大的空間。

我們找到了「阿雷拉斯」[7]，這個「不一定要穿衣」的老舊度假村位於溫泉沙漠，可以讓我們用極低廉的價格租一整週。（有位按摩師說，她從來沒有在那裡見到這麼多穿了衣服的人。）度假村有個可以讓三十人舒服泡澡的浴池（我們還能在裡面慵懶地游上一圈）、一座巨大的女神雕像，池邊還有一塊水泥地在未乾時印的胸印。我們找到新家了。

我們沒想到接待五十個女人有多令人疲憊，有些婚禮的賓客人數都沒這麼多。然而我們之前竟然不覺得困難，也毫無警覺。況且，安在第三屆「沙漠女郎」活動之前多半都在國外出差，無法處理細節問題，因此她任命後勤委員會，幫忙解決安排三餐和分攤費用的問題。

艾米娜托自告奮勇，在週六晚上找來一輛墨西哥捲餅餐車。她的任務還包括處理財務問題。到目前為止，安都用自己的信用卡代墊支付整趟旅行的費用，朋友之後再還錢，然而五十人的聚會不可能用這種方法處理，所以需要不斷提醒大家下載支付應用程式，並且遵循指示付款。因為我們都是解決這些事宜的核心人物，朋友以為我們就代表雙方發言。當安在不同的時區或沒回覆電郵時，人們就會詢問艾米娜托或找她幫忙，因為她一定有答案。但其實艾米娜托有時會把「沙漠女郎」當成「我們的旅行」，所謂的「我們」是指她和安。

人數越來越多的副作用，是朋友圈中所有人的連結越來越難以理解。我們並不清楚哪些人是多年好友，哪些人根本就是陌生人。那年，來自洛杉磯的人數明顯增加，艾米娜托以為她們都是安的摯友。如果她問過安，就會發現其實有些是新朋友，有些只是朋友的同伴，這個問題就是這個人際網絡即將打結的最早跡象。原則上應該掌握每個人的關係和親疏程度，然而隨著人數增加，「沙漠女郎」成員之間的關聯變得不太明顯。更複雜的是，這個團體的成員已經多到某些女性之間的關係有點緊繃。

7 Areolas，這個字有「乳暈」之意。

這說明了我們從朋友圈學到的重要教訓：這個圈子越大、越龐雜，無論是無心的溝通不良或謠言耳語等任何原因，都可能導致它四分五裂。未說出口的、未解決的問題都會導致最牢固的朋友圈分裂。我們現在知道，有人的地方就會有問題，必須直截了當地討論處理，而且最好是本著寬容的精神，分歧才不會越演越烈。

因為第三屆「沙漠女郎」就快到了，艾米娜托打電話給安，討論她覺得不愉快的事情。艾米娜托沒興趣重述細節，總之就是某個「沙漠女郎」成員背叛她，但這位女子似乎會參加這次的旅行，艾米娜托想把事情說清楚。她想釐清自己的下一步，再判斷去了是否會覺得心裡不舒服。總之，她想發發牢騷。

安聽了艾米娜托的敘述，也覺得那個女人的行為很糟糕。安以為艾米娜托的抱怨就是暗示她插手處理——儘管艾米娜托沒想過可以不邀請對方，也沒要求安這麼做。那年，艾米娜托不是第一個找上安，詢問某某某是否會出席的人。安也正努力協調名單上另外兩位因工作問題鬧翻的成員。

另外，還有其他的煩惱。隨著成行的日期逐漸逼近，有些人退出，有些人詢問朋友是否可以參加，有些人想知道是否可以只去一天，每天出席名單和交通細節似乎都有變化。安不想承認，但她難以承擔她為自己創造這個角色的責任。她只想到在一年一度的活動中串聯各個社交圈的好處。在發生這次衝突之前，安沒想過邀請所有朋友齊聚一堂的情況，可能會使她在大家意見分歧時被迫做出為難的決定。儘管安與艾米娜托比傷害她的女人更要好，當然她也希望艾米娜托能出席，但她不想成為穿長袍的裘蒂法官[8]，不僅要仲裁誰對誰錯，還要收回邀請函以示懲戒。安知道，她對這趟旅行所擔負的責任惴惴不安會是一大問題，但她決定視而不見，否則無法繼續執行計畫。

艾米娜托不知道安正在處理朋友圈的其他衝突，她以為安漠不關心，因而大為震驚。她開始懷疑安對她是否也有相對的忠誠度。

如果你認為這件事對我們這兩個「冷靜派女子」太灑狗血，我們完全同意。即使兩個人非常了解對方，也無可避免地會彼此傷害、誤解。我們現在知道，「冷靜」是我們盡量避免衝突的一種掩飾，是我們努力解決得面對的問題的一種方式。如果我們對當下正在發生的事情視若無睹，問題並不會消失，只會變得更糟。

在一連串私下討論中，安告訴所有受邀的女性——也包括艾米娜托——她們應該直接處理彼此之間的問題，也可以各自決定是否參加。

8 Judge Judy，前曼哈頓家庭法院法官Judith Sheindlin主持的實境節目。

這個決定將永遠影響艾米娜托對「沙漠女郎」的感受。當時在艾米娜托聽來，她是安的負擔。她覺得自己不受重視、遭到冷落，她這兩年為了促成這個活動大費周章，結果似乎未得到認可。

我們要到多年後才能談論第三屆「沙漠女郎」發生的事情。安後來繼續主辦這個活動，但是規模小多了。艾米娜托偶爾會露臉，但已經多年沒參加。起初大家不明白艾米娜托為何缺席，安只推說是對方的行程有衝突。

如今我們的盲點很明顯：我們喜歡玩得開心，所以才找來我們覺得最投緣的女生。但是我們從來沒討論過比後勤更深層的問題，因為我們以為彼此對朋友圈有一致的看法。天啊，其實我們根本沒有共識，連出發點都不相同。

如今我們不禁納悶，如果當時更開誠布公，能避免多少傷心難過？艾米娜托真希望自己說過：「嘿，安！好糟糕喔。我不在乎這個人要不要參加，但我需要妳認同這件事情真的很煩，我心裡也很不舒服。」安也真希望她能告訴艾米娜托：「這件事情本來很有趣，但我卻覺得好緊張、沒把握。我非常關心妳是不是覺得受歡迎或開不開心。如果她的出現會毀了妳這個週末的興致，我就不邀請她了。」

但我們都沒這麼做。

表面看來只是大夥兒度假出了點小問題，但牽涉的情感層面可不小。這是首次輕微的地震，顯示我們的友誼可能有斷層。艾米娜托察覺到這次的震盪，卻對安絕口不提。

而安根本不覺有異。

第七章

暗門——種族主義的陷阱

那是完美的加州夜晚，不冷也不熱。安的後院掛著燈串，人們手捧玫瑰酒杯信步走動，歡快的談話聲不絕於耳。她提供庭院給朋友辦慶生派對。更棒的是，艾米娜托剛好來洛杉磯出差。她很期待這個庭院聚會，因為她認識壽星，也很喜歡她和其他賓客。

她抵達時，派對已經很熱鬧。艾米娜托發現點心可口，氣氛也很棒。然而艾米娜托注意到自己是在場唯一的黑人時，原本開心慶生、與朋友敘舊的夜晚就走味了。

艾米娜托感到猝不及防。這種聚會太超現實了。她知道安不是只有白人朋友，但當艾米娜托在這裡掃視院子有沒有些許黑色素時，沒有。連種族不明的古銅膚色都沒有。

怎麼會有這種事情？她認識安這麼多年，為什麼艾米娜托會是派對上唯一的黑人？她在心裡大叫，**妳的黑人朋友在哪裡？**

其他客人當然也察覺到她的恐慌。她感覺一顆心往下沉，彷彿從安的庭院磚瓦上掉下去。

作家衛斯理．莫里斯（Wesley Morris）把這種體驗稱為種族歧視的陷阱。他在二〇一五年寫道：「對有色人種而言，因為口誤、在校園派對，或在立法活動中，自己與白人的友誼似乎隨時可能被丟進種族歧視的陷阱，」「事先不見得能預料到。」如果某些白人在黑人生命中占有重要地位，黑人在他們身邊所能感受到的舒適度其實有限。儘管這些白人確定自己每天都會碰到種族歧視的議題，但他們有時絕對會搞砸，讓他們認識的黑人朋友大失所望。

種族問題在每段友誼中都有不同的發酵方式。並非所有跨種族關係都與一個黑人和一個白人有關，但我們這段關係的確是這樣，所以這就是我們在這裡要討論的問題。

多數不同種族友誼的基礎，其實不是圍繞在種族差異的深刻省思，這也恰巧與流行文化所傳播的理念相反（我們說的就是你，《幸福綠皮書》），至少剛開始時不是。所有的人際關係都一樣，跨種族友誼也是因為兩個人有共通點才投緣。（還記得我們有許多同質性嗎？）莫里斯與我們談話時指出，在某些跨種族友誼中，有些事情是雙方直覺知道不該談論的。「這些關係相處起來要自在，就得不討論那些問題。人人都有自己的底線，朋友之間都有默契知道不要觸碰，」他說。「但有些不幸事件就是會迫使你跨越對方的底線，而且通常超出雙方的控制。」

還真是不幸。歎氣。

艾米娜托和許多黑人朋友都知道要擔心這類事件，這件事甚至不一定由白人朋友引起。莫里斯說，事情可能關係到「白人朋友的朋友，或白人朋友的家人，或是你身處種族歧視的狀況或類似的不愉快事件，這時白人朋友說，『呃，非白人朋友，我覺得你只是反應過度。』」頓時在電光石火之間，陷阱打開了。黑人朋友被迫因為這件事情，重新評估兩人之間的友誼，儘管這件事表面看來無傷大雅。

艾米娜托碰過更明顯的種族歧視，好比她剛搬到美國時，奧克拉荷馬州加油站有個騎單車經過的人罵她黑鬼。但這次在派對上的感受卻不太一樣。平常她會非常提防陌生人可能說的話，但在認識的人身邊，警覺心就會降低。面對陌生人，就像是提前為墜機做好撞擊準備；然而如果面對親近的人，例如白人朋友或親密伴侶，感覺就沒那麼戲劇化。莫里斯說，在這些情況下，就像你發現有人的褲子滴到芥末了，覺得不太舒服，但弄倒芥末的人甚至沒注意到。現在你必須判斷是否要開口提醒對方，無論怎麼做都會很尷尬、不自在。種族問題衍生的心情疙瘩，很快就會帶來痛苦的情緒。

那次慶生會正是上述情況。那晚艾米娜托提早離開，也沒立刻告訴安。她在心裡對自己說，**這件事只是一筆資料，一次單獨事件**。每個有白人好友的黑人都有自己的數據庫。不能光靠一件事就評斷一個人，但如果數據蒐集得夠多，就會開始了解全貌。

艾米娜托在等候討論這個問題的時機，因為她必須先整理自己的情緒。這不是她第一次身為屋裡唯一的黑人，事實上，她常在工作場合碰到這種狀況，安這些年主辦的許多小型聚會甚至都發生過。但這次不一樣。她們分居兩地多年，艾米娜托並未參加安在洛杉磯辦的每次聚會，所以當她出席只看到白人時，她很震驚。她很納悶，**我真的了解妳嗎？**如果現在安的生活就是這麼安排的，艾米娜托不確定自己扮演什麼角色。她也納悶自己這些年來還錯過什麼蛛絲馬跡。

此外，艾米娜托沒立刻對安提起還有另一個原因。表面看來，這件事本身似乎有點傻氣。這只是一個慶生會！而且是別人的慶生會。**有什麼好大驚小怪？**但她知道這不是小事，因為有種情緒湧上心頭。她不舒服，而且覺得目前不適合和安討論這個問題，也讓她難以接受。

艾米娜托認為，如果朋友來找她和安談類似的問題，安一定會挺身而出。安會要求這個白人花時間省思這個大型聚會為何沒有黑人朋友參加。然而為別人的問題提供建議本來就更容易。涉及種族問題時，善意的白人更容易點出別人的行為而忽視自己的作為。向來如此。

我們經常討論到，籌辦或參加一場參與者只有白人的專業會議有多麼可恥。（如果成員全是男性呢？當然也很糟糕！）雖然慶生趴不是專業活動，但這個論點依舊成立。如果你是白人，當週末旅行、準媽媽派對和晚宴都只有白人參加時，看在你的黑人朋友眼裡，就有以下的警訊。說好聽點，你的聚會地點只歡迎白人。說難聽點，他們可能認為自己是你唯一的黑人朋友，只是像神奇寶貝般被你蒐藏，其實算不上是你真正的朋友。對白人而言，身邊全是白人是刻意的選擇，而不是沒仔細檢查賓客名單的意外。

之後安沒有先提起慶生會這件事，對此艾米娜托很失望。安的沉默讓艾米娜托開始懷疑自己是否小題大作。艾米娜托覺得安不該找藉口，應該先承認這件事有多離譜。艾米娜托知道這不是安主辦的派對，賓客名單也不是她擬定的，但艾米娜托不應該是唯一關注種族的人。安這類自由派白人往往說他們不怕談論種族差異，但莫里斯指出，「如果你是美國的黑人，如果你與白人很親近，一定會碰上種族的問題，因為你就會導致這個問題。」

這件事情不單純只是令人尷尬的慶生派對，也突顯出我們兩人之間無法逾越的鴻溝。

這不能說是《逃出絕命鎮》[1]的情節（儘管「沉陷處」非常真實），但安是白人，她所接受的文化對種族有根深柢固的成見和亂七八糟的想法。所以，種族歧視是具備結構的，有個複雜的系統在發展、維繫並保護種族主義。這個名詞不僅適用於痛恨其他種族的人身上，也融入我們的政治體系、藝術、文化、金融結構，以及我們對價值和溝通的想法。所以種族歧視會影響到每個人，無論他們對種族有何觀點，無論他們的摯友是什麼種族。種族歧視是每天的日常，也是轉瞬即逝的片刻，它無所不在。

所以種族是另一種挑戰，不同於我們為艾米娜托生病或安搬到遠方所經歷的讓步妥協。那些挑戰的規模都在友誼範圍之內，但種族問題大過我們的友情。我們，以及我們所有的互動，都包含在種族主義之內。因此我們無法把處理種族歧異的困難簡化成一次性的「教育契機」。就宏觀角度來看我們的友誼，那次慶生會並不是重大事件，只是種族問題滲入友誼的微不足道的方式之一。我們難以即時啟齒的問題其實還很多。

關於種族及其如何在世上造成不公不義的問題，我們有許多相同的理念。我們習於討論種族問題在新聞或文化中的發展，可以自在地聊到艾米娜托在職場或其他場合遭遇的問題，以及安在其他朋友身上看到的歧視。

但如果艾米娜托的痛苦來自安呢？我們會無法開口。

1 作者註：電影〈Get Out〉，講述黑人男子與白人女友回家見她的家人。劇透：他發現女友的家人對自己進行催眠和切除腦葉，而黑人本尊只能留在「沉陷處」。

從艾米娜托有記憶以來，就清楚意識到黑人和白人之間的種族鴻溝。對此，她最早的記憶，是某個一年級女孩拒絕在拍全班團體照時站在她旁邊，她聲稱艾米娜托「太黑、太醜。」（真可惜啊，法國小女孩！現在大家都喜歡拉著艾米娜托自拍。）但艾米娜托以前住在西非，幾乎每個人都長得跟她很像。她不是少數民族，多元化對她而言就是指不同的國籍。儘管法語學校對此敷衍了事地處理，但艾米娜托的母親讓她接受了相當紮實的非洲歷史教育。她讀到偉大的豪薩族女戰士艾米娜托的故事，知道英雄薩莫里．圖雷[2]在現在的幾內亞領導當地人抵抗法國殖民軍。她知道父親的名字是承襲自統治拉貝省的先人阿爾法．亞亞（Alpha Yaya），他拒絕將統治的省分割讓給法國人，並且因此捐軀。艾米娜托熟知自己的族人來自哪些王國，了解先人的藝術、科學和改革。這個法國小女孩傷了她的心，但艾米娜托不相信她無知的話中有絲毫的真實性。

事實證明，大學裡的種族互動更難以理解。艾米娜托剛到美國時，每次碰上不舒服的經歷，都以為是自己誤解美國文化。她花了一段時間才意識到，其實問題都出在種族問題：白人會摸她的頭髮，反覆說她有多「能言善道」，白人同性戀男子在她身邊就會自在地揮舞手指，說「嘿，丫頭」和搖頭擺腦。她不斷聽到，她「不像其他黑人」，搞得她不勝其擾。

在艾米娜托終於向其他黑人留學生提起這些事情，發現原來這不是她的胡思亂想後，她感到如釋重負。他們也有同樣的經歷，問題根源就出在他們的膚色，而不是國籍。雖然她鬆了一口氣，卻也對美國的種族關係感到錯愕。（如果你來自不同的國家也有同感，放心，你的國家也有亂七八糟的種族問題。對，連你都有喔，加拿大。）另一個事實也讓她難以消化，儘管她是歧視黑人的受害者，但她有足夠的文化素養可以駕馭許多白人場合，然而有些非裔美國朋友卻辦不到。美國白人似乎更能接受讀過寄宿學校的外國人，所以她自覺更有責任不輕放種族歧視的問題，否則她等於是助紂為虐。

艾米娜托不怕在推特上戳破偏激的酸民，也不怕對付使用種族歧視字眼的陌生人，但殺得她措手不及的往往是身邊的人：大學朋友的父母不斷驚歎她的英語有多「好」，有個朋友常常把他的亞洲同事誤認成另一個人，男友的奶奶堅持叫她「蒂娜．透納」（艾米娜托一想到這件事就全身起雞皮疙瘩）。彼此關係越密切，處理自己遭到冒犯的問題就越尷尬、棘手。有些人把這些事當成小疏失，不予理會，但艾米娜托堅信，跨種族的親密關係是「破窗理論」[3]唯一適用之處：任何明顯的犯罪跡象只會鼓勵犯罪更猖

2 Samory Touré，穆斯林改革家，被譽為「蘇丹的拿破崙」。
3 Broken Windows，「破窗」比喻社區內的混亂。如果有窗戶被打破卻不修復，這棟大樓所有窗戶很快都會被打破。

獗！你必須直接戳破，否則有損彼此的情誼。

如果種族問題的嚴重性可以數值化——像是如果有人把她叫成另一個黑人（「嗨，黛歐！」）是一或二分，川普式的白人霸權就是十分——以前艾米娜托相信，結交白人摯友的代價，就是偶爾會面臨這種問題（可能這次碰到一分，下次碰到二分的事件）。隨著年紀漸長，她在這方面越來越沒有彈性。很多白人朋友都是在她比較寬容時開始交往，因此不在此限。她往往是他們第一個，有時也是唯一的黑人朋友。如今她已經不可能與沒有黑人姊妹淘的人交朋友。

不是只有艾米娜托用這種原則考慮是否與白人交往。我們與另一對跨種族的朋友聊過，薩伊德和艾薩克的生死之交已經接近十年。起初薩伊德持保留態度，是艾薩克在寫作工作坊主動接近對方的。「出版界有很多看似友善、面帶微笑、穿著法蘭絨長褲的白人男子。妳們懂嗎？」薩伊德說。「我還記得自己當初的猶豫，『我根本不想讓這個陌生人有辜負我的機會。』」但他最終還是接納了艾薩克，「你們知道嗎？他不斷用意想不到的方式證明他的誠意。」艾薩克童年曾經無家可歸，他們不只聊種族，還討論階級問題，開闢出共同成長的道路。薩伊德解釋：「我們不知為何彼此這麼投緣，總之我認為我們經過完美校正。」對薩伊德來說，很重要的是艾薩克在黑人社區長大，他有些家人就是黑人。除了薩伊德之外，艾薩克也有其他重要的黑人親友。

艾米娜托對安也有類似的信心，畢竟我們的介紹人是個黑人女子。黛歐和艾米娜托都以黑人的角度評估過這些白人好友，即使她們沒說什麼。黛歐曾暗示安這個白人女子不會故意讓自己或她們難堪。

艾米娜托認為安會知道如何正確唸出她的名字，不會問起她的頭髮這類基本問題，也不會跟著收音機哼歌唱出「X鬼」的歌詞。如果艾米娜托指出自己碰到的問題關係到種族歧視，她知道安不會故意唱反調。與其小心翼翼地避開這個問題，安理解人們拒絕談論種族問題時為何讓人難受；即使我不在安身邊，她也不會輕易放過種族歧視者的發言。安一定會盡力跳出她的舒適圈，設身處地為艾米娜托設想，從她的角度觀察這個瀰漫著種族歧視的世界。

艾薩克告訴我們，他努力成為薩伊德引以為傲的夥伴，這正是安對她與艾米娜托的友誼的感受。她會盡力不辜負艾米娜托的期望。

所以艾米娜托去了後院派對，才會覺得那一幕不僅讓安顏面盡失，也讓她自己難為情。無論公平與否，艾米娜托知道有些人相信安的種族看法，因為艾米娜托與她交情匪淺。她不想為安的種族論點背書，但這種結果往往是跨種族友誼的副作用。安犯了低級別的種族「疏失」，這對艾米娜托來說不僅是一時的失望，還有更嚴重的後果。最糟的是，安似乎沒察覺。

♡

幾個月後，艾米娜托終於提起那個慶生派對，當時她和安在一家檔次不錯的餐廳吧檯用餐。艾米娜托說到她走進安家裡的後院，看到全是白人賓客。「我沒想到會在妳家或妳辦的活動中看到這種事，」她說，「這讓我很困惑，也覺得妳家不再歡迎我。這件事竟然得由我自己提起也讓我很不開心，因為我希望妳會注意到。」

安覺得要幫自己說幾句話。「我懂妳的意思，但那不是我的派對，」她說。「賓客名單不是由我決定。」當天晚上，安的確留意到艾米娜托很早離開。但是，安說，「我以為妳只是出差累了。」她深呼吸，啜飲一口雞尾酒，繼續說：「我注意到派對有多白，但我沒為這事負起責任。」她又吸了幾口氣。「我很後悔，真的很對不起，我沒有先提這件事，因此讓妳覺得我家不歡迎妳，這讓我覺得更抱歉。我永遠歡迎妳。」自己家屋簷下發生的狀況讓親密摯友覺得遭到排擠，安覺得糟糕透頂，她讓艾米娜托失望了。

我們不斷討論，想表達這件事對我們兩人個別的影響，卻沒有明確的解決方法。我們終於公開討論這件事，至少，我們都一吐為快，但根本不覺得放下心中重擔。我們並肩而坐，希望在對方臉上看出雙方盡釋前嫌的跡象。我們談話快結束時，酒保免費送來兩杯酒。「我不知道妳們在談什麼，」她說，「但妳們似乎很需要喝一杯。」

安最初的反應是戒備防衛，一切不言自明。那是第一反應，來得如此之快，甚至比悲傷或悔恨的心情更早出現。安就像許多白人，從小就被教育「膚色不重要」、「要平等對待每個人」。這些聽起來很美好，也好過明目張膽的種族歧視，然而如果你在膚色都相同的環境中長大，這種主張沒有特別的意義。她的家鄉約有百分之九十八的人都是白人，安從小認識的每個人都是天主教徒，祖先可能來自德國和愛爾蘭，父母則是異性戀。安大量吸收「差異是好事」的理念，但她閱讀的書中人物多半是白人。她父母家的地下室有一卷當地的電視新聞錄影帶，內容是安在學校的多元文化展上代表牙買加。在這個充斥著種族歧視和不平等的世界建立跨種族的人際關係，學會唱〈天亮囉〉[4]的歌詞顯然無濟於事。

安上大學才結交第一個非白人朋友。大一時，學校的國際特赦組織社團針對死囚種

4 "Day-O"原是牙買加的鄉土歌謠〈The Banana Boat Song〉，講述黑人奴隸夜間搬運香蕉上船。

族人數懸殊，推動反死刑運動。安和另一位白人同學想出一招自認能讓人大開眼界，又能博取同學注意的方法：他們要把這個問題包裝成現代的私刑。就修辭而言，他們認為說得過去。畢竟四成二的死刑是判給美國黑人，但黑人只占總人口的一成三。安和她的白人男性朋友想出這個點子（天啊，她不敢相信自己竟然願意承認此事），就是在校園的樹上掛上絞索，底下的布告寫著死刑的統計資料。

在他們準備行動的前一晚，朋友達尼許突然好言相勸，**也許**這個點子在黑人同學眼中格外怵目驚心，**也許**會有反效果。安想藉著這個機會說：「謝謝你，達尼許，謝謝你阻止我們鑄成大錯。」後來他們依舊放了標示統計數字的牌子，但決定不放絞索。這是安第一次經歷不同族裔的朋友按捺自身的情緒，只為了拯救她免於出洋相，雖然她當時還不會這麼描述，她還沒學到這種詞彙，而且也在為當初提出這種恐怖的建議感到羞恥不已。她很羞愧，竟然沒想到這種做法會給黑人同學帶來傷害。

如果想要友誼能跨越特權和身分的巨大隔閡，就得面對這個殘酷現實：兩方為了解釋這些差異付出的心力並不相等。如果一段跨族裔友誼牽涉到白人，非白人的一方可能需要承受負面情緒，白人朋友則有機會得到「學習經驗」。有時事情是發生在日常的來往，例如分享挫折和喜悅。有時，則發生得更明確，就像安的朋友達尼許不得不說：

「你們自認與對方是同一陣線，其實反而給別人帶來傷害。」（再次感謝你，達尼許。）

對安這類與其他族裔密切往來的白人而言，透過朋友的經歷積極了解不公不義，以及把朋友當成種族歧視的教材，兩者之間可能只有一線之隔。正如先前所言，這種付出並不對等。因為艾米娜托深受白人文化影響，已經對安的養成背景有一定的了解；至於艾米娜托從這個世界得到的經驗，安永遠無法徹底了解。艾米娜托往往成為安了解族裔差異的配角。

就拿「沙漠女郎」當例子吧。當時我們並未從種族的角度討論衝突，後來艾米娜托才有辦法向安解釋，那件事的主要痛點是她被當成「憤怒的黑人女性」。這種可憎的刻板印象，可以追溯到十九世紀的吟遊歌手表演，白人男性在表演中把臉塗黑，扮成胖子，演短劇嘲笑非裔美籍婦女。北卡羅來納州立大學歷史學副教授布萊兒．凱利告訴英國廣播公司，表演目的就是「讓她們看起來豬狗不如，沒有女人味又醜陋不堪。她們與身邊男性的主要互動方式就是大吼大叫、動手動腳，對周遭環境做出憤怒、非理性的回應。」可惜社會依然隨意採用這種有害的形象，讀讀關於小威廉絲的報導就能明白了。

對於艾米娜托這類女性而言，表達憤怒必須付出代價。黑人女子帶有憤怒的標籤，因此不被允許感受全面的情感，像是脆弱、恐懼、傷害。歷史學家和《有力的憤怒：黑人女權主義者發現她的超能力》（*Eloquent Rage: A Black Feminist Discovers Her Superpower*）一書作者布蘭妮・庫珀（Brittney Cooper）告訴美國國家公共廣播電台：「每當有人用憤怒當武器攻擊黑人女性，就是為了讓她們閉嘴。目的是詆毀她們，說她們反應過度，說她們太過敏感，說她們小題大作。」

安知道艾米娜托常覺得她必須小心謹慎，免得別人把這種形象套在她身上。但安沒看到艾米娜托可能對**她**也小心翼翼，她沒想到兩人討論「沙漠女郎」的邀請名單時，艾米娜托就有這種顧忌。她甚至沒想過艾米娜托多年來可能為了不落入刻板形象，因而壓抑情緒，無法盡情向安表達她的不滿。幾年後，我們終於坦誠討論這些因素如何影響艾米娜托對「沙漠女郎」的感受，安這才恍然大悟。對白人而言，這下子方茅塞頓開。

艾米娜托告訴安，自從她們成為朋友，她都得調節情緒，絕對不能顯得太惱火，即使不開心也不敢據實以告。在「沙漠女郎」衝突事件中，安可以一派輕鬆冷靜，是個寬宏大量的白人女子；艾米娜托卻得按捺受傷的情緒，以免惹是生非。在我們的關係中，這種互動模式一再上演。艾米娜托與安分享這種心情後，覺得如釋重負。艾米娜托被貶為種族主義者的刻板印象不是安的錯，但她希望安明白她結交白人朋友必須付出的努力。她希望安也要扛起更多責任：不僅承認種族歧視的成見的確存在，而且要多費心思，不要等艾米娜托指出我們的互動就有這種刻板形象。

派特．帕克（Pat Parker）的詩《致想知道如何與我交往的白人》開宗明義就從兩則建議寫起，「你要做的第一件事是忘記我是黑人。第二件事，是永遠不能忘記我是黑人。」我們越來越相像，多年來幾乎在每件事上都有志一同，安已經掌握了第一個規則，卻忽略了第二個。

當我們問黛歐，她成為朋友真實的種族問題教材，是否曾經覺得壓力重重；她不諱言，希望朋友充分理解自己的經歷，以及教育不同族裔的朋友，這兩者之間的緊張程度。牽涉到親密關係時，「你沒對人們說清楚講明白，就不能要他們對這些事情負責任，」她說。「我在還沒發生衝突前，就花了很多時間表明我對種族的看法，希望日後發生糾紛時，能降低事後溝通的風險。」她認為和某人相處的時間越長，就越沒有必要明確交代自己的感受。「我的知己可以告訴你，哪些事情讓我覺得危險、惱火，或者我何時會說『媽啊，老天爺，白人就是這樣。』他們都很清楚，」她大笑。但她也承認，不得不考慮這些問題的確很討厭。「有時你會只想看 YouTube 耍廢就好。」

以下是安「身為白人朋友」的心情：想辦法鼓起勇氣，克服說錯話的恐懼；不得不用谷歌搜索她覺得自己應該知道的基本事項，好比黑人女性紮辮子有多費神、南亞朋友的名字如何發音，這些都讓她覺得羞愧；發現朋友們正積極決定是否要關注甚至安都沒注意到的事情時，令她覺得悲哀。但安不常向朋友說出這些感受，問題不在於她的情緒，重點是她如何處理這些心情。

安寫文章解釋「閃耀理論」時，也將艾米娜托列為共同作者，接下來的發展都在預料之中：大家只把「閃耀理論」歸功於安。這不能怪安——自古以來，人們就不把黑人女性的天才想法歸功於她們——但這很容易導致我們起衝突。我們之所以相安無事，是因為安主動發送措辭堅定的電郵和推特，惱怒地要求人們引用「閃耀理論」時也不能落掉艾米娜托。至今她仍舊這麼做。艾米娜托很感激安不只是發現人們的錯誤，還會進一步採取行動，糾正對方。

然而有時安就是不懂。她並未挺身而出，例如她並未率先指出慶生會的賓客全是白人，這時陷阱暗門就大開。

你不能選擇原生家庭或成長環境，但你可以選擇朋友，這些選擇說明你希望為自己打造什麼樣的世界。友誼有許多層面會影射政治傾向，這就是其中之一。這裡牽涉的不僅是你身邊是否有人投票給立場與你完全不同的政黨，或你是否與朋友搭同一部車去參加抗議遊行。還關係到日常生活的爭權奪勢（politics），或者字典裡所謂的「人們在團體生活中龐雜的權勢鬥爭」[5]如果白人的生活環境都是白人，看到白人至上主義份子在街頭遊行，就不會感到意外。每個人每天選擇誰在自己的生命中占有一席之地，最終會塑造出我們生活的世界。

目前沒有確切方法判定跨種族的友誼有多普遍。詢問人們是否有異族朋友沒有任何意義，因為受訪者為了營造自身不狹隘又心胸開放的形象，會把點頭之交也列為朋友。社會學家凱薩琳·歐德·科根（Kathleen Odell Korgen）在她的《跨越種族鴻溝》（*Crossing the Racial Divide: Close Friendships Between Black and White Americans*）一書中寫道：「事實證明，美國白人和黑人對個人種族關係的描述都是樂觀多過精確。」她引用一九九九年的調查，發現四成二的白人說他們有其他種族的至交。這個數

5 韋氏字典對「政治」一詞的解釋。

字似乎相當高，是吧？但要求這些白人寫下至交的名字，**然後**標示對方的族裔時，只有百分之六的白人能列出一個黑人朋友。黑人面對同樣的問題時，六成二的人說他們有一個白人朋友，其中只有一成五的人在六個摯友名單中寫出一個白人的名字。

有些研究人員找到更有創意的方法，解決自陳式（self-reporting）受訪的問題。二〇〇六年，人口統計學家布倫特．貝瑞（Brent Berry）研究一千多張婚禮派對的照片，探索跨種族的友誼究竟有多普遍。貝瑞的根據是，人們通常會邀請摯友參加婚宴，伴娘和伴郎與新人關係密切也無庸置疑。

說貝瑞的研究結果讓人大開眼界，還太過輕描淡寫。他發現，只有百分之三點七的白人與黑人交情好到足以邀請對方參加婚宴。百分之二十二點二的黑人則有白人伴郎或伴娘。

還有一點值得注意，不同種族的人自我隔離的動機並不相同。研究人員發現，黑人兒童遠離白人是自我保護機制。「我們發現，在種族不平等的地方，這是一種保護性反應，」阿桑普中學院（Assumption College）的副教授辛琪亞．皮卡．史密斯告訴美國國家公共廣播電台。「這不是別組偏見[6]，而是為了維護自己。在白人兒童中，排他性的同組同族友誼與別組偏見相關。」首先，白人要對種族鴻溝如此巨大的體制原因負責，因為並非黑人把某些社區劃為不受歡迎區域，也並非黑人促成雇用歧視長期存在，對於學校執行的隔離制度，黑人更無法表達意見。幾個世紀以來，白人一直擁有不成比例的權力，說得更精準些，是白人主宰的體制鼓勵白人至上，導致種族問題影響人們在哪裡生活、工作和學習。這樣的體制卻還不斷主張種族不應該是決定因素，能力高低才重要。

在通俗文化中，也能看到處理跨族裔關係的省事敷衍態度。多元族裔家庭和友誼的呈現方式往往過於簡化——說得難聽就是做做樣子，充其量也只是理想化，鮮少或根本沒描述不同種族的人相互理解、支持需要的坦誠、自我省思，以及往往令人痛苦不堪的衝突。從電影中黑人好友的刻板印象，到廣告中促銷麥片到洗衣粉的跨種族家庭的健康形象，似乎都急著呈現種族和諧的美好神話故事，以致我們（嗯，不是我們，而是白人）跳過真相，直接跳到族裔和解。

不斷宣揚種族**不應該**是重點，也無法抹滅種族問題依然存在的事實。有跨族裔親友的人，更是心有戚戚焉。

6 Out-group prejudice，人們往往依據種族、性別等因素，將自己與周遭的人劃分成兩個團體，「同組」是自己的團體，即「我們」，「別組」就是「他們」。針對非我族類的忽視，乃至於輕蔑或競爭心理，就是別組偏見。

在一九七五年那場關於種族和政治的演講中，作家托妮・莫里森[7]總結種族主義的真正功能：「它使你無法做好你的工作，逼你一遍又一遍地解釋你存在的理由。有人說你沒有語言，所以你花二十年的時間證明你真的有。有人說你的腦袋形狀不對，於是你請科學家研究你的頭形沒問題。有人說你沒有藝術，所以你回去打撈出來。有人說你沒有王國，所以你就把它挖掘出來。這些事情都只是徒勞。」

種族主義在友誼中也令人覺得疲憊、多疑。艾米娜托對這一點有很深的體會：你希望並祈禱朋友不會做、不會說任何種族歧視的事情，但你清楚知道他們就是有這個能耐。如果摯交建立在信任之上，而且有道陷阱隨時可能打開，這段友誼還能存在嗎？

對我們兩人而言，唯有談論種族問題，才能處理它對我們關係的影響，也才能明白，種族問題既牽扯到個人，又不要太往心裡去。如果朋友不討論友誼本身的種族問題，那麼白人朋友試圖對新聞大肆報導的白人至上事件表示失望時，那些話語也顯得空洞。為什麼有色人種要相信這個白人朋友是真心想解決問題，而不是製造問題？在我們的友誼中，我們不只說「不要成為種族主義者」，我們還說「種族主義的確存在，這就是我們的處理方式。」

族裔不是需要克服的挑戰，而是必須時時覺察的事實。正如偉大的芙洛・甘迺迪[8]所言：「自由就像洗澡，必須每天堅持做下去。」換句話說，這不僅是你所說或你聲稱相信的理念，還必須不斷拿出行動證實。我們分享慶生會的故事，不是因為它是我們人生戲劇性的關鍵時刻，而是因為它是我們不得不面對、也必須談論釐清的事情。

艾米娜托不肯成為別人的第一個黑人朋友有充分的理由。研究人員發現，如果是一方或雙方**唯一的**跨族裔朋友，這段情誼往往比同族關係結束得更早。換句話說，與另一個種族的人建立親密關係需要特別花心思，如果你有類似的經驗，可能會更擅長。這種心思不同於其他的努力及遷就，也不可能輕鬆容易。但你可以改進，變得更強大。

跨種族友誼的遷就忍讓需要每個人各司其職。就我們而言，艾米娜托對何時進行教育、溝通想法必須保持彈性。安也必須承認，她在種族問題保持沉默別有涵義，她必須對抗不適的心情，時時負起責任。社會學家蘿蘋・狄安吉羅（Robin DiAngelo）在訪談中告訴我們，這種不適感也是通往更明智行動的「潛在通路」，她請白人冒險遷就朋

7 Toni Morrison，美國非裔女作家，曾獲諾貝爾文學獎，作品包括《最藍的眼睛》等。

8 Flo Kenned，美國律師、激進女性主義者、民權活動家。

友。她問道：「你會碰到的最糟糕狀況是什麼？」她指出，白人對處理種族問題的恐懼，跟黑人每天因為白人的不作為所經歷的恐怖遭遇，根本沒法比。

安問自己的究責問題往往是：我能否直視黑人朋友，說明我如何處理這種情況？如果答案不是「當然可以」——說實話，不是每次的答案都是「當然可以」——安就知道她必須更努力。

我們知道，往後還會不斷出現關於種族問題的棘手討論，但願到時也能遇到極富同情心的酒保。

第八章

網路見——社交媒體與現實生活的真偽

我們已經記不清楚出色的電台製作人朋友吉娜・德爾瓦克是何時建議我們做播客（Podcast）的，只記得我們在二〇一四年一月開始認真考慮這件事。當時我們決定節目要採用閒聊的對話形式，我們打給對方，談論那一週的時事和藝文頭條。至於節目名稱就用蘿蘋[1]那首〈Call Your Girlfriend〉，因為我們在無數個深夜都邊聽這首曲子邊跳舞。我們買了網址，這是我們證明自己會全力以赴的方式，並發電郵給我們最愛的音訊製作人。「太好了，」吉娜回答，她引用這首歌的歌詞說道：「我們也該談談了。」

吉娜迫不及待的興奮情緒至關緊要，因為她才是具備專業知識的那位。她幫我們整理播客的播放清單，讓我們熟悉這個媒介。她建議我們該買哪些麥克風，為我們詳細說明使用方法。我們被這些設備嚇到，不過就像艾米娜托常說的，「如果所有男諧星都能做到，就不可能**有多難**。」接著我們打電話給對方，就像平時一樣哈拉敘舊，只是這次有錄音。以下是我們第一集第一個精彩片刻的文字紀錄。

艾米娜托：我是艾米娜托。

安：我是安。

艾米娜托：喂？

安：聽得到嗎？

艾米娜托：喂？

沒錯，我們不是一開始就上手。回去聽初期的節目是有點尷尬，但我們也很自豪，因為當時毫不猶豫立馬就答應了，又沒有金錢誘因，我們依舊每週錄製節目。（後來吉娜指出，我們三人之所以能合作，是因為我們在高中時都是會為整個小組負責扛起所有工作的人。）我們各自在家中衣櫃空間裡錄製早期這些東拉西扯、不著邊際的節目，內容有種閒話家常的親切感。但我們聽過吉娜第一次的編輯之後，簡直不敢相信我們聽起來有多精采。艾米娜托發郵件給她：「！！！！！！！**吉娜，這是巫術啦！！！太棒的巫術了**。哇！！！！！」

我們聽著經過編輯的內容，**確實**覺得有點像詐欺。因為我們的風格隨興，聽眾絕對不會把我們的播客誤認為美國公共廣播電台或英國廣播公司的節目，但吉娜讓我們聽起來很專業。她剪掉了我們的「嗯」，修剪離題的內容，所以對談節奏明快。這是我們的

1 Robyn，瑞典女歌手。

友誼最有說服力的版本，而且轉化成音訊。節目的前提並未造假——我們真的**是**非常親密的朋友。在節目中除了分享我們日常生活的細節外，還花幾個小時討論蹲式馬桶的優點、美國政治根深柢固的性別歧視，以及碧昂絲香水系列款式的多樣化。但我們沒把每兩週錄播客的一小時當成敘舊電話，節目內容是我們友誼的小片段，只是抽出來再稍微打磨再發表。

起初，我覺得這個播客和我們早期一起創辦的那個無聊瑣碎的部落格[2]沒什麼不同。我們剛認識的二〇〇〇年代末期是社群媒體剛問世時，朋友會一起做部落格，至少我們會。因為我們對……呃……幾乎所有事情都有同感，就合開了WordPress帳戶，開始每天發表好幾篇文章。潛意識裡，我們可能想記錄早期形影不離時只有我們才懂的笑話和文化背景，免得之後從收件匣和簡訊中消失。那個短命的部落格是共用的情緒板，也是我們大腦初次在網路合作的地方。

我們經常告訴對方，「我愛妳的大腦」。我們用這種方法表示，「妳很聰明，妳很機靈，我想聽聽妳對所有事情的看法。」打從剛開始做朋友，我們就迷上彼此組織想法和點子的方式，想知道對方對每件事的看法。這種心情始終不減。即使今天聊天，我們發誓可以感覺到自己與時俱進，更清楚明白身邊的世界和我們自身的位置。

難怪從以前到現在，我們發現自己會想出更有意義的相處方式。即使我們沒意識到這點，我們也會找藉口照亮對方的心靈，共同聚焦。作家丹尼爾・M・拉維里（Daniel M. Lavery）在他的電子報中描述他與作家妮可・克利夫（Nicole Cliffe）的友誼[3]，以下的描述特別引起我們的共鳴：「我們經常以工作為藉口，將我們發呆沉思、相互欣賞的行為合理化。我們也常透過至少表面看來與正事相關的對話中，認真地、有意義地體會到我們對彼此的意義，以及我們能給對方哪些別人無法提供的事物。」

如果迷戀朋友的大腦，自然會渴望有條理的對話，想找藉口深入探索。這種渴望往往伴隨著共同的品味或政治信仰，所以讀書會才如此普及，一群朋友才會一起為慈善事業做志工，或聯手為候選人拉票；所以一九七〇年代的女權主義前輩才會熱衷舉辦集會鼓吹女性意識，婦女可以群聚一堂，講述生活面面觀，聯絡感情；所以一九九〇年代的年輕激進分子才會合作出版雜誌，剪貼圖畫、文字，編輯成影印的廉價業餘雜誌。

我們認為「**打給閨密**」是為了自己和朋友製作的，當時並沒有那麼多人推出專業播客。我們沒想到推出自製播客是攜手做生意，也沒想到我們是向任何有興趣一窺我們友

2 作者註：部落格名稱是Instaboner（「速硬」），哈哈，https://instaboner.wordpress.com。

3 拉維里為美國作家，克利夫為加拿大育兒專欄作家，兩人共創The Toast網站。

誼的人公開這段情誼。

我們的節目開始走紅。才製作幾集就有固定的聽眾，而且陌生人比朋友還多。我們無心插柳，卻剛好選中完美的時機。「連環命案」（Serial）是第一個暢銷播客[4]，此後有千百萬人成為播客聽眾，我們比該節目早半年推出。現在播客很流行，但仍然是新媒體，節目還沒有那麼多，女性主持人更少。我們的節目被iTunes收錄，也進入雜誌推薦的「最受歡迎新播客」排行榜。數以萬計的人找到我們的節目，他們對我們的友誼**極度**有興趣。他們在健身房或通勤時戴著耳機收聽我們的節目，覺得我們就是他們日常生活的一部分。

沒錯，我們共同的朋友多年來都認為我們親密無間，但做節目可不是一起參加婚禮。很多聽了播客的陌生人開始在社群媒體追蹤我們，偶爾也會在街上認出我們。我們關掉麥克風之後，聽眾除了聽到的內容之外，又對我們的人設自行腦補。我們的友誼成了一種令人嚮往的理想樣板。

突然間，我們有了兩種友誼。我們仍然保有私下的情誼，也就是時而混亂的多年真實關係。如今還有一段更公開的友誼：在聽眾的想像中，我們的關係更理想化，這些人多數與我們素昧平生。聽眾心中的我們，比龐雜朋友圈中的二人幫，形象來得更鮮明。

你不必和朋友一起開播客，就能體驗到表面看來輕鬆自在的友誼，其實和真正複雜的愛恨情仇有多脫節。只要有社群媒體帳戶，你們就能明白。

如果你鬆了一口氣，以為我們**終於**要聊到網際網路如何毀掉友誼，恐怕要大失所望了。數位通訊讓我們有各種聯繫方法，尤其是跟物理距離相當遙遠的朋友。我們各自在美國東西兩岸生活多年，要不是網際網路，我們無法想像彼此可以這麼要好。

多虧網際空間，我們才能進行各種別具意義的一對一交談或小團體私下交流。（別忘了，我們仍為谷歌閱讀器的殞落感到哀戚。）在安搬離華盛頓特區幾個月後，視訊聊天取代我們窩在沙發上的時間，幫助我們適應遠距離生活。我們都很愛某個因為簡訊重新點燃友誼火花的故事——你可以從我們冰冷的大拇指中偷窺我們在網路聊天室的群聊——人們聊到科技威脅友情時，說的往往不是私人通訊，而是社群媒體。

在友誼剛萌芽時，將對方加入社群平台是重要的一步，原因其來有自。當時你們已

4 關於真人真事的殺人懸疑案。在二〇一四年十月推出，當年年底已被下載四千萬次。

經認識，彼此覺得投緣，但是你們尚未投入心力，也還沒真正打開心房，新增或追蹤對方就足以表達意願：你希望對方出現在你的動態消息中，希望他們走進你的人生。你可能都用某個應用程式傳訊，自然希望透過那個程式聯繫新朋友。所以我們講起剛認識的故事時，安趕回家把艾米娜托加入臉書並非偶然，艾米娜托也很高興看到安發送交友請求。我們已經有彼此的電郵帳號，安大可以寫信給艾米娜托。結果她利用社群媒體發出邀請——艾米娜托接受之後，這個微小卻具體的動作就是昭告世人，我們成為朋友了。

數位連結究竟如何影響友誼？最簡短的答案就是「不一定」。我們使用網路的方法各不相同。根據加州大學爾灣分校的研究，許多青少年用手機做的事情，例如發送簡訊或分享自拍照，都有相同的目的，包含與面對面關係一樣的核心特質，這些數位行動可以建立真正的親密感。但那些一輩子未曾在友誼中使用數位工具的老年人，就無法獲得相同的好處。這份研究的作者推測，這是因為不同世代是以不同的方式使用不同的應用程式。老年人也可能與青少年以相同的方式使用手機，他們也會留言、傳簡訊、用FaceTime打給對方，但這些行為對他們而言具有不同的意義，也比較沒有滿足感。

然而這並非通則，因為每個人對友誼如何轉化到網路的期待不盡相同。我們都有朋友喜歡我們把他們的照片上傳網路，（嘿，達莉亞、妮基！）他們認為這就是得到我們的重視；而同一則貼文在某些朋友看來卻是侵犯隱私。我們有朋友喜歡透過簡訊尋求或提供建議，用一段又一段的文字詳述問題的細節。還有一些朋友從不傳簡訊給我們，但他們總是電話一響就接。艾米娜托從二〇一二年起就把手機設置為勿擾模式[5]，所以電話直接轉到語音信箱時，安從不擔心，因為艾米娜托一定會回電。

就像友誼中許多不言而喻的規則，人們幾乎靠本能反應就知道朋友喜歡哪種數位通訊方式。大家常用自己的行為設定期望，他們若發現自己和朋友不同步，覺得曝光過度、遭到怠慢或排擠，就要針對這件事情開誠布公談談。如果這段友誼正需要雙方盡力遷就配合，這一點就格外真切。

二〇一五年，茉拉．柏克（Moira Burke）和羅伯特．克勞特（Robert Kraut）著手研究以下的問題：社群科技是拉近我們與朋友的距離，還是孤立我們？他們回顧兩個相隔十五年的研究報告，發現網路的影響取決於人們如何使用。這些研究觀察社會支持、憂鬱以及心理健康的其他層面，也考量受訪者的網路使用方法。柏克和克勞特指出：「人們一對一交談的次數越多，尤其是與親密的朋友，例如在動態牆貼文或留言，幸福

5 作者註：本書出版之後，艾米娜托的手機不再調到勿擾模式。她現在的生活作息恢復正常了。

感就越強。」但是，如果人們看越多陌生人的動態，又沒和朋友互動，心情就會越差。

當初我們在臉書上互加好友時，臉書主要是用來與你早就實際認識的人保持聯繫。但後來這十年，社群媒體發生變化，不光是人們愛用的網站和應用程式，我們使用的方式也不一樣了。許多人不僅追蹤朋友，還包括名人、半公眾人物，甚至是他們朋友網絡中最沒有關聯的成員。如果認真看待柏克和克勞特的研究，會發現一般人動態牆上的陌生人比以往都多，這沖淡與人互動的可能性。

與朋友私下進行的數位溝通，不同於**針對**友誼的大眾傳播，當兩者之間的距離越大，發生誤傳和誤會的可能性也就越大。

我們每一集播客都以「網路上見！」作為結語。我們很早就開始仰賴網路，因為居住城市相隔兩地已經好幾年，但彼此常上網交流。因為播客的成功和網路世界的變化，我們不僅與對方傳簡訊、視訊聊天，同時也在社群媒體曝光，我們還選擇該如何營造我們這對朋友在世人眼中的形象。無論我們是否意識到這點。

人類有個基本衝動，就是會公開確認與我們關心的人的連結（許多矽谷的男性就是利用這一點變得極其富有）。當我們留言祝賀生日快樂、感謝朋友支持我們度過難關、為團體出遊設計標籤短語，都是以數位方式記錄我們身邊的友誼，呈現給世人。

公開展示友情，也有助於闡述我們在別人眼中的關係。不同於「兄弟」、「妻子」等標籤，光是「朋友」這兩個字也許不足以彰顯其重要性。我們希望大家知道我們情同莫逆是強大而重要的關係，就必須想辦法加以闡述。除了戴上「好閨密」的經典心形項鍊之外，我們大多是透過行動表達，而不是直接宣布：「哈囉，我們現在是親密好友。可以用相應的態度對待我們嗎？」

我們兩人喜歡穿幾乎一樣的衣服，我們稱為「青蛙蟾蜍裝」[6]——就像在同一家商店的相同貨架上購物，只是最後選的單品略有出入。我們也有相配的紋身——兩個交錯的圓圈。當我們去刺青時，關心的不是圖案本身，我們只在乎兩人的手臂靠在一起就能拼出一個圖案。這是告訴世人，我們是死黨。

每個人對這些公然確認友情的行為都有不同的解讀。有些發生在網路之外：朋友在街上手牽手，可能總是一起抵達派對，或者在辦公桌上擺著兩人可愛的合照。他們如何

6 《Frog and Toad》，是美國童書作家艾諾・洛貝爾的作品，主要是述說主角青蛙與蟾蜍這對好朋友生活當中的種種趣事。

對其他朋友提起這個摯友，也代表他們如何對外闡述這段友誼。無論何時，只要有人問起朋友的事情，答案就是他們對這段友誼的看法。

由於社群媒體的出現，我們說故事的選項，以及我們聽到其他朋友故事的數量，都出現巨大的變化。

有時，我們不只在網上講述友情，同時也是在下標題。在二〇〇〇年代末期，隨著臉書的普及，當時流行把自己的狀態改為「穩定交往」，對象則是好朋友。對某些單身人士而言，這表示他們也有全心關愛的對象。他們將彼此冠上這個特殊的稱號。有些人在看到別人分手後換上怵目驚心的心碎圖示會感到戒慎恐懼，標示朋友這個做法似乎比大肆宣揚戀情更安全。愛情可能會充滿驚濤駭浪，但至交永遠都在身邊。而且不像其他標示友誼的數位方法，這種方式獨一無二，我們終於有辦法正式宣告誰才是頭號閨密。

幾年後，關係狀態功能不再受歡迎，但大家依舊想用具體方法公開自己重視的關係。上傳與友情相關的貼文，是具體呈現難以描述的情感——那些真正愛你、尊重你的人能理解你的心情。當然，有些人在網美壁畫旁擺姿勢，只是想炫耀他們正在度假，但對許多人而言，我們發布的內容背後有更深層的衝動。我們想公開或半公開地記錄朋友之間的快樂時光，因為人生充滿狗屁倒灶的事情，而且上下滑動就能夠看到美好事物的集錦，令人心曠神怡。

舉出一對著名的好朋友。那些「與最好的朋友結婚」的情侶不算，在紅毯上被拍到裝親密的演員也不算。我們說的是那些以友情**聞名**的人。

沒錯，我們也會提到「歐普拉和蓋兒」。

歐普拉和蓋兒是眾所皆知的超級好友。大家都知道，她們當了四十多年的朋友，每天會打四次電話給對方。她們也有很精采的邂逅故事。早在一九七六年，她們都在巴爾的摩電視台工作，當時歐普拉是即將被解雇的主播，蓋兒是低階製作助理。某天晚上暴風雪來襲，蓋兒無法回家，只能窩在歐普拉家過夜。蓋兒沒帶盥洗衣物，歐普拉借她一條內褲，後來兩人就成了好友。歐普拉告訴《紐約時報》：「我們兩個黑人女孩很開心能當黑人，也很高興能在美國以黑人女孩的身分長大成人，我們的價值觀一致，也有同樣的夢想。」她們都喜歡尼爾·戴蒙（Neil Diamond）和巴瑞·曼尼洛（Barry Manilow）。

二○○六年《歐普拉雜誌》有篇「一刀未剪」的訪談寫到她們的友誼，她們談到成長過程的階級差異——蓋兒的家庭有女傭；歐普拉的母親就是女傭——以及歐普拉發跡之後，兩人的關係可能很彆扭。當時尚未賺到很多錢的蓋兒有次曾看到歐普拉拿出放在口袋裡的四百八十二美元，那些錢看起來就像很多人會把五元紙鈔揉成一團，皺巴巴的。蓋兒很欣賞歐普拉從未讓她為自己的不成功感到難過，歐普拉也很欣賞蓋兒不像她身邊的人，從未向她借錢。她們談到蓋兒為人母和離婚的經歷，友誼也在當時更堅定、更鞏固。二〇〇六年，她們開車旅行，雖然有影片證明她們在車裡坐太久，以致脾氣暴躁、心情惡劣，但最後影片在她們的笑聲中落幕。表面看來，歐普拉和蓋兒好像掌握得恰到好處，從沒碰過會導致兩人分道揚鑣的可怕挑戰。

我們錯了，不該把她們當成我們「莫逆之交」的楷模、「閃耀理論」的偶像。歐普拉和蓋兒是極致巔峰，我們只是凡人，抬頭仰望，飢渴吸收她們每個完美軼事。我們喜歡她們的友誼神話，因為我們自己的故事也獲得肯定，我們因此抱持希望。如果她們能挺過這麼多年的歲月變遷，我們為什麼不能？我們也想禁得住時間的考驗，建立並肩作戰的帝國。我們等不及其中有人能先成功達陣，然後把豪宅的邊廂獻給另一個人。（是的，歐普拉家有個「蓋兒邊廂」。）

但我們想知道，她們一路走來是否始終**那麼**一帆風順。也許是。又或者，她們的友誼經歷了四十年的互相遷就和變化，她們決定只公開分享部分細節，痛苦的部分就留給自己。總之，我們大概永遠不會知道她們的友誼有哪些困難或痛處，只是把對她們幾乎一無所知的友情理想化。

歐普拉和蓋兒是公開友誼的極端例子。但幾乎每一種友誼都有對外呈現的版本，即使唯一的觀眾是他們共同的朋友；每段友誼都會承受外界的詮釋和評判。由於網路的存在，人們因而有充裕的機會解讀某段友情，而且隨時都有很多人加以闡釋。

艾薩克和薩伊德和我們一樣，先是朋友，後來才成為同事，他們在推特主持晨間節目將近兩年，在觀眾眼中就是強大的雙人搭檔：艾薩克和薩伊德，薩伊德和艾薩克。他們之間輕鬆的默契和明顯的好交情很容易被外界理想化，「我非常喜歡這段友誼，」艾薩克說，「所以我樂於大方公開。」他們也意識到這段友誼的影響。薩伊德解釋，「作為朋友——而且是公眾都知悉的朋友——我們正努力計畫解放人們。」但他也納悶，「該如何在維持公眾關係的同時，又能保留空間處理彼此的衝突和怒氣？」

有一次，薩伊德和艾薩克為了製作節目去旅行，花了幾星期的時間開廂型車橫跨美國，旁邊跟著一組團隊拍攝記錄。觀眾看到了有趣的公路旅行，但他們的友誼卻很緊繃。「我們很辛苦，因為在當時的情況下，開誠布公的程度有限制，妳們知道嗎？」薩伊德回憶，「是不是得學學溫蒂．威廉絲[7]的實況轉播。」

我們了解這種糾結的心情。有好多次，我們都得壓抑身心的不適或友情的低潮，因為我們想保持工作不砸鍋的專業態度。（儘管我們以玩票性質開播客，後來很快就認定這是「工作」。）身心狀況不佳時，我們就佯稱感冒或最近常出差太累，節目並不會透露我們個人生活的隱私細節，所以聽眾聽到的是我們這段友誼抛光打蠟之後的版本，也就是輕鬆愜意的部分。

我們可以背誦歐普拉和蓋兒認識的經過，再用自己的想像力腦補，播客的鐵粉也知道我們是在看《花邊教主》的聚會上認識。他們知道多年分隔兩地並未拆散我們，了解我們陪伴對方打擊病魔、經歷職場上的起伏，也清楚我們在庫卡蒙格牧場的亞柏森超市停車場吃感恩節晚餐的精采故事。

但是還有很多事情我們沒告訴聽眾，或彼此。

開播客的最初幾年對我們兩人來說都很辛苦，但各有各的不容易。

艾米娜托的工作順利。她出差到全國各地演講，參加以往只有做夢才可能出席的會議。她的工作獲得知名的行銷獎項，她成了討人厭的技術天才。有家大型科技公司找上門，工作機會好到她考慮跳槽。那個職缺很有趣，又有挑戰性，是她父親會感到驕傲和炫耀的公司（這就是移民下一代的現實狀況），薪資更是她做夢都想不到的數字：十七萬美元。

這家公司的員工可以用藜麥和椰子花蜜幫自己做早餐，午餐可以選用美味的安康魚，而且餐點全部免費。股票選擇權優渥，她可以開始考慮買房置產。這是財富穩定的好機會，她沒想過三十歲之前就能更上一層樓。

新工作要搬到西岸的舊金山，這表示她有機會重新開始。艾米娜托告訴自己和東岸的朋友，機會難得，不能拒絕，其實，她正在修復失戀的心情。這一年，艾米娜托談著一場渾沌不明的戀愛，對象與她有很多共同的朋友。她心情很亂，因為他們私下的往來充滿熱情，雖然也會激烈爭吵，和好後卻又是濃情蜜意。然而在公開場合，他們從未透露兩人正在交往。起初搞神祕、鬼鬼祟祟還挺有情趣的，但很快就令人感到挫折連連。艾米娜托一反常態，會因為吵架在人行道上大喊大叫，或怒氣沖沖地掉頭離開餐館。他

7 Wendy Williams，美國知名的脫口秀主持人，以辛辣毒舌甚至口無遮攔的主持風格聞名。

們就是**那對**情侶。

安聽著艾米娜托說她自己越來越沮喪，心裡很氣這個男人對待她的方式。**他以為他是誰，竟敢這樣對待世上最好的女人？**聽起來像是幫艾米娜托撐腰，其實這是安的負面友誼模式。如果她認為朋友的約會對象不值得他們的感情，她就會有這種憤怒母熊的反應。她會**強烈地**清楚表明，她不喜歡這個對象。儘管安的反應是基於保護的衝動，朋友卻沒感受到支持。艾米娜托試著把這段模糊不清的戀情告訴安時，就碰到這個狀況。她覺得安評判她不肯自救，漸漸地，她不再詳細描述所有細節。雖然安隱約知道大概，卻不知道演變到多糟糕了。艾米娜托最後決定離開時，她感到異常孤獨。她分手的對象甚至還稱不上是男友。

因為搬到加州，艾米娜托暫時得到解脫，但她很快就得面對新環境的現實。那份讓她大老遠搬來的夢想工作？她在入職培訓時發現新團隊已經重組。這在大企業用語中就是「沒有人關心這個團隊做的事情，所以現在團隊要做其他事情。驚喜吧！」她受雇從事的工作不復存在。真希望在簽署聘書，把所有東西搬上卡車橫跨整個美國之前，她就事先知道，不過，她還是全心投入她分配到的新角色。

她的健康狀況不斷惡化，工作也是轉移注意力的好方法。她睡眠品質很糟，即使睡了一整晚，也會痛到醒過來，要花很長的時間才能下床。艾米娜托經歷了許多「糟透的日子」，但醫生仍舊沒有具體答案，她自然會責備自己「太懶惰」，因而更加努力鞭策自己。她花了那麼多時間才擁有現在的生活，終於過上好日子，一切卻還是那麼不順利，但她絕對不希望別人覺得她不知足地抱怨連連。

在舊金山找到自己的定位也很困難。就理性層面而言，艾米娜托知道，年齡越大，越難交到朋友，但從情感層面來看，天啊，打擊之大。多數時候，她對自己努力認識新朋友而感到驕傲。但是隨便瀏覽Instagram，就會看到老家的朋友聚會的照片，這讓艾米娜托感慨沒有人可以相約用餐。

在艾米娜托的辦公室和新家隨處可見到安的蹤跡：桌子和冰箱上有照片，顯眼的位置有紀念品和卡片。每當同事或新朋友問起，她會說明安的身分：「我最好的朋友」，應該是她生命中最重要的人。然而她沒有告訴他們，她最近幾乎沒和安聯絡。

這時安的高層執行編輯的工作泡湯了，她必須釐清下一步該怎麼做。雜誌社老闆決定解雇所有編輯人員。有些人是在安的說服之下捨棄穩定的工作，大老遠搬來和她並肩合作。她覺得自己對他們的失業有責任，也擔心他們是否能找到新工作。安再度試圖以自由撰稿人闖出名聲，這次跟上次一樣，收入並不穩定。但是她開始接到不錯的差事，可以用每週一次的專欄付房租。安一會兒覺得自己終於實現夢想，一會兒又擔心這種生活能不能持續下去。

此外，安遇到她真正投緣的心上人，而且這段戀情的發生出乎她意料之外。這位英俊的愛爾蘭人定居倫敦，離安在洛杉磯的家有十小時的飛行時間。就某種程度而言，反而對安有好處，她可以繼續在加州獨立生活，又能享受遠距離戀情的刺激，只是苦了金額已所剩無幾的銀行帳戶。多虧常客獎勵計畫，安可以定期飛到倫敦或在洛杉磯見他。最後，艾米娜托提醒她該認清這段戀情有多認真。「如果妳和上床的對象一起慶生，就表示他是妳的男朋友。」

有些人很適合到處旅行，無論身在哪個時區，都能維繫友情、照常安排行程還能保有強烈的自我意識。可惜安不是。她不僅為了這段戀情在歐美之間往返；她接到的某些案子也需要她在美國境內旅行。雖然愛情和工作都有美好的前景，但居無定所的生活不適合她。她很難與朋友保持聯繫，也漸漸失去自我。更糟糕的是，她又開始服用避孕藥，所以會莫名地哭泣，再微不足道的不方便都能令她感到憤怒、沮喪，她常被這些負面情緒嚇到魂飛魄散。

隨著航空哩程的獎勵點數越來越少，安必須對這段戀情做出抉擇，她覺得壓力超大。過去幾年是她生命中最美好的時光，她超級獨立，感情上有朋友的支持，事業鞭策她不斷向前邁進。她喜歡自己的人生故事，而艾米娜托在其中扮演核心角色。她的新戀情對這個故事構成威脅。這個男人願意搬到洛杉磯，她要不就是為他在人生中騰出空間，要不就是斷然結束這段感情。安不知該如何決定，卻沒和朋友深入討論，也沒尋求艾米娜托的支持。在她們的友誼中，安第一次發現自己不肯向對方提及她擔憂或重視的事情。

她決定繼續這段戀情。男友要搬到洛杉磯，所以他需要簽證和一份新工作。整件事情所費不貲，而且帶來莫大的壓力，安必須重新調適。她不想一談戀愛就人間蒸發，但在這段時間她一反常態地搞自閉，鮮少和朋友聯絡。關於這件事，沒有人比艾米娜托的感覺更深刻了。

但我們壓抑這些心情。因為我們還有播客要錄。

♡

現在回想，很容易看出我們私下和公開的友誼之間如何拉開差距。社群媒體的本意就是鼓勵貼文投射正面樂觀或煽動怒火。雖然我們經常對新聞感到憤怒，但與對方有關的貼文一定是陽光正面、簡單而不複雜。我們談論自己如何為對方感到驕傲，上傳可愛的自拍照，以身作則示範「閃耀理論」。如果問我們其中一人對這段友誼整體來說有什麼看法，我們會滔滔不絕，內容充滿愛和敬佩之情，說得你熱淚盈眶。就像歐普拉談到蓋兒時哽咽的那段訪談。

這些心情如假包換，而且是肺腑之言。然而我們的友誼不是只有這一面。我們在公開場合不會詳細論述彼此關係緊繃，不談那些造成不安、影響互信互諒的誤會和失策。我們說我們多喜歡「沙漠女郎」之類的女子度假活動，但是避而不談我們對八卦的複雜情緒，或對朋友圈有不同的期待。我們談論種族問題，卻沒談到它對這段友誼造成尖銳又具體的痛苦。

「在臉書等社群網站上，我們自以為展示出真我，最後動態時報卻成了另一個人——通常是我們嚮往的形象。兩者之間的界線模糊了。」心理學家雪莉・特克（Sherry Turkle）在她的書《一起孤獨》（*Alone Together: Why We Expect More from Technology and Less from Each Other*）中寫道。即使我們努力不落入陷阱，也很容易不自覺地陷入社群媒體不是投射正面形象，就是表達憤怒的二元論。

當談到我們如何表達我們的友誼，當然是一而再、再而三地選擇正面積極的態度。

任何介於兩個極端之間的元素似乎都太隱私，不適合上傳。

不上網大動作處理友誼之間的紛爭，也沒什麼不妥。問題是我們在網路之外也沒有向對方表達樂觀積極或憤怒惱火之間的中間地帶。我們發現難以對彼此暢所欲言，談論我們覺得受傷或敏感的話題。老實說，幫對方打氣、聊新聞時事、嘻嘻哈哈還比較輕鬆。我們幻想自己的友誼平靜無波、振奮人心，也在這樣的幻想中攜手合作。

隨著播客走紅，我們開始賣廣告賺錢——所以我們有個生意。我們共用銀行帳戶，共用一堆試算表。我們和吉娜開了聊天群組，訊息串混雜著大量的後勤細節和梗圖。我們每週要通好幾次電話，討論業務，商量要接哪些廣告、準備之後的節目，或進行錄製。一切來得又急又快，我們做決定幾乎是走一步算一步。雖然我們早為彼此的事業制定策略，但從來沒想過我們會在一夕之間成了同事。

如今我們又是朋友**又是**同事。我們開始出差做活動，在觀眾面前錄製現場節目，我們對這件事有不同的反應。安喜歡在活動結束後到大廳和聽眾打招呼，但她不喜歡在Instagram上和陌生人分享隱私，因此她不公開帳號。她在播客上可以選擇要分享哪些生活細節，但Instagram是保留給現實生活中的朋友的空間。她不喜歡聽眾瀏覽她的照片，畢竟這些照片不是為了給他們看才上傳。相反地，艾米娜托不在乎聽眾追蹤她的帳號，因為她覺得Instagram讓她有更大的控制權。但她害怕聽眾靠近，必須勉強打起精神才能辦到。路人上前打招呼或在餐廳認出她，也讓她不自在，但是安不常碰到這些狀況。這些新經歷搞得我們兩人都很緊繃，只是各有不同的原因。

與至交一起創業的心情很奇怪。某群陌生人認定我們情同莫逆，也是說不上來的怪。最怪的是我們都沒向彼此提起這些事情，這是我們成為朋友以來第一次沒找對方參謀，只是觀察對方對這些巨大改變的反應，以為對方對合資事業或成為半公眾人物的新狀態毫無壓力。我們妄加臆測彼此呈現給世人的形象，卻不見得猜中。

如果溝通管道不暢通，網路就會有各式各樣細微的方式可能導致誤會。任何為了選擇表情符號苦惱的人都知道，當你對一段關係感到不安時，再小的數位行為都具有莫大意義。與其直接要求朋友把事情說清楚，不如闡釋他們的數位內容來得容易。「問題是，」南加州大學安納伯格（Annenberg）新聞傳播學院的傳播學教授凱倫·諾斯（Karen North）告訴《紐約郵報》：「人們點擊朋友的頁面、閱讀他們的貼文，認為這是『溝通』，他們因此就覺得投注心力，但這只是他們單方面認定，所以關係其實沒有進一步的發展，這樣做只是互相窺視對方的生活。」

這種使用社群媒體「窺視」朋友的感覺，與關注歐普拉和蓋兒的著名友誼並無二致。你只看到她們選擇公開的片面，卻自以為了解全貌。潛水偷看朋友的社群帳戶，只是找藉口避開健全友誼需要的艱難而直接的對話。數位通訊不只提供嶄新機會講述半公開的友誼，還有更大的誘因：你可以利用大量細節當素材，在自己的腦海中重述這段友誼。

我們仍然互傳照片，讓對方看到我們午餐吃的麥片、簡評我們正在看的節目，或是我們敷面膜的恐怖自拍。但我們並未花同等心思經營更深層的友情。**總覺得哪裡不對勁，但工作是現在的首要任務**，艾米娜托安慰自己。我們為播客節目通電話的時間也讓安逃避現實。**我們還是常聊天啊**，她不安地告訴自己。

我們都覺得彼此之間的隔閡越來越大，但我們以自己的方式在不同的時間認知到這點。艾米娜托參加聚會，有人問起安的近況，她發現自己不太清楚該怎麼回答。「呃……她很好，」她含糊地回答。安採買艾米娜托的生日禮物，卻不知道該送什麼。她因此覺得心煩，因為如果她和某人關係密切，通常會有一卡車的送禮點子。我們會傳簡訊給對方，比如「我想你！」或者「我們應該通電話敘舊。」但我們都沒有敲響警鐘，體認這段友誼已經與網路上呈現的形象相去甚遠。

真正的危險不是公開討論友誼，而是私下無法再詮釋這段情誼。如果你們告訴世人，自稱相親相愛、願意為彼此兩肋插刀，又該如何面對友情的複雜程度其實遠勝於此的事實？如何不再假裝自己知道對方人生的全貌，即使私下也不例外？

你往往做不到。我們當初就沒辦法。

第九章

大到不能倒——我們不能，也不願放棄對方

我們經常告訴對方，我們「大到不能倒」。

大到不能倒是一種理論，像是有些銀行與全球經濟關係密切，倒閉將會釀成巨大災難。這是玩笑話，同時也是真心話。我們共同經營一家股份有限公司，擁有共用銀行帳戶和商標。不僅朋友圈的人都知道我們很要好；聽播客的陌生人也這麼看待我們。如果我們的偉大友誼破碎，我們就不得不解散吉娜、經紀人、承辦人等專業團隊。就情感層面而言，斷交更是無可想像。我們一起走過事業動盪、朋友圈裡的鬧劇和病痛，真的無法想像兩人從此各不相干。

然而事實冰冷又殘酷：「大到不能倒」是謊言。我們在經濟衰退的年代結識，最清楚這一點。我們目睹了貝爾斯登公司（Bear Stearns）倒閉！（如果這段話對你毫無意義，恭喜你躲過二〇〇〇年代末期的金融海嘯。）沒有任何關係是大到不能倒的，友誼也不例外。我們吃過苦頭才學到教訓。

關於長年友誼的研究為數不多，其中有一份是荷蘭研究員傑洛德・莫倫霍斯特（Gerald Mollenhorst）針對數百位成年人所進行，他發現受訪者的摯友只有三成在七年後仍然往來密切。報章雜誌為這項研究下的標題就是「友誼的有效時間為七年」。研究結果剛好可以和愛情相提並論，因為戀情也有「七年之癢」。這個詞來自一九五二年的同名舞台劇（後來電影版由瑪麗蓮．夢露主演），那個時代的夫妻最容易在七年後離婚。這不無道理，因為七年的時間足以讓人覺得已經一起度過難關，足以養成極其糟糕的溝通習慣，也足以讓人覺得對方應該夠了解你，不會傷害你。

但我們在六年時就遇到了困難。我們向來跑得比人家快。

就像許多破裂的關係，我們各自經歷不同的事情，卻缺乏溝通。我們的友情絆了一跤，然後搖搖晃晃，失去平衡，接著正面撲倒。這段友誼經過這麼多年的安全感、穩定度和開心喜悅，這個挫折其實難以理解，如果牽涉到某件爆炸性大事或捉姦在床程度的徹底背叛，還更容易明白。可惜不是，事實永遠不如我們想像的戲劇化。

我們的問題似乎只會發生在我們身上，很難說清楚講明白。其實很普通，並不特殊。語言學家黛柏拉．泰南（Deborah Tannen）訪問幾百位女性的友誼，她寫道：「即使某次決裂可以追溯到某個時刻，例如對方說了殘酷的話，或做了離譜的事情，但那個不容分說的導火線，通常只是堆積許久的挫折和失望的高峰。」

♡

事後回想，溝通失靈的衝擊分成兩個階段。首先是一連串的誤傳和看似瑣碎的尷尬時刻。有一次安邀請男朋友來吃飯，希望藉此機會讓艾米娜托多了解他，但艾米娜托卻認為安不想一對一談心，帶他來只是為了和緩氣氛。這些事情分開來看都不嚴重，但不愉快的感覺越積越多，我們因而更不願意向對方傾訴。

一旦我們不能再談論深刻、為難的事情，就進入可怕的新階段，開始反覆又不經意地傷害彼此的感情。這造成惡性循環，艾米娜托認為安既不會為此難過也不會心煩，安則覺得艾米娜托在生她的氣，卻又想不出緣由。雖然這些都是無心之過，卻彼此折磨。

我們不再有相同的理念。安常以為我們的互動非常愉快，艾米娜托卻覺得糟糕透頂，反之亦然。在發生具體的痛苦事件後，我們都沒告訴對方：「我很傷心」，或「我很生氣」。反而躲在容易被誤解的迂迴陳述中，各自腦補對方的感受。**她這麼說，到底是什麼意思？她怎麼會做這種事情？她一定是不再關心我了。**我們都諱莫如深，自我保護，太害怕、太驕傲，不敢直接把感受或需求告訴對方。

這是突然出現在許多友誼中的另一種模式。泰南在《妳是我唯一能傾訴的人》書中解釋，女性朋友碰到問題時，談話風格的差異，或每個人說出自己的意思和解讀另一方話語的獨特方式，往往是隱形的罪魁禍首。因為在許多文化中，女性經過社會化之後說話比較委婉，她們可能說「你覺得這裡冷嗎？」而不是「我很冷。可以開暖氣嗎？」社會化的女性也把溝通交流當成感情聯繫的方式。對我們而言，當我們無法再溝通時，親密感就會瓦解。我們共同的安全堡壘和避風港會慢慢消失，當我們發現時，已經徹底灰飛煙滅。

難怪我們看不出來。我們剛當朋友的初期，一切順風順水，我們的談話風格如出一轍，彷彿沒有自己的個性。我們知道哪些私人問題可以問，哪些只會被當成是八卦。我們知道如何展現自己關心對方，如何表達憂心，又該如何接受關切。我們用最短的簡訊就能傳達深刻的情感，例如同仇敵愾、同理心或恐懼感。我們知道如何詮釋模稜兩可的話，甚至了解沉默代表的涵義。我們就是**懂**。然而我們從未被迫點出原來溝通方式的優點。情誼瓦解之後，我們也沒辦法重新建構。我們避而不談雙方隱約察覺卻又說不上來的問題。

我們退回各自的角落，以自己的方式解釋對方的沉默，也越來越不願意敞開心房。「迂迴到極致就是沉默：透過不發一語來傳達心意，」泰南寫道。「許多女性就是用這個策略避免衝突。」（當然，男人也會用這招。）我們之間的沉默似乎越來越長，兩人的冷靜派個性在逃避衝突之際顯露無遺。我們私下從未覺得如此疏離。在公眾面前，我們卻演出陌生人眼中的理想友誼。播客的成功證明我們的專業、我們遲鈍的情緒和吉娜充滿愛的呵護。我們簡直是公私分明的最高典範！但我們常覺得自己像騙子，節目宣稱要鎖定在世界各國的異地好友，但自己分隔兩地的友情根本岌岌可危。我們只能勇往直前，告訴自己，不能讓個人問題干擾現在的工作關係。但私下我們都開始擔心，播客是我們並未決裂的唯一原因。

泰南指出，根深柢固的沉默會演變成她所謂的「互補式分裂創始[1]」。之所以發生這種情況，就是兩人最後以「異於平日的方式溝通，彼此對於對方的反應，就是強化兩人最初就不同的風格。」你自以為展現理想的溝通方式可以消弭歧見，但其實只是越來越遠離你想溝通的對象。

泰南舉了兩個女人諾艾兒和塔拉當例子。諾艾兒希望塔拉在公共場合輕聲細語，所以示範她想看到的結果，把音量降得更低，但是塔拉只聽到朋友說話太小聲，於是提高聲音，暗示她希望諾艾兒大聲說話。「諾艾兒最後幾乎是耳語，」泰南寫道，「而塔拉則是大吼大叫。」這反而不是她們兩人所希望達到的效果。

起初對方讓我們傾心的特色，後來都會扭曲成有害我們友誼的弱點。我們都很驕傲固執，只有在少數親密朋友面前才肯露出脆弱的那面。我們的個性都很強烈，只有坦誠表達自我時，才能處於最佳狀態。現在這個時期，我們都築起心牆，不說真心話。

艾米娜托覺得在感情上與安疏遠，安無法陪自己聊情傷，無法為自己的新工作和健康問題提出建議，無法聽自己對舊金山有趣的看法。安以往碰上危機都仰賴艾米娜托的建議，現在少了她，安覺得無所適從。有時安心想，如果能拉近兩人之間的距離，其他重大改變就不會讓她那麼緊張了。安懷疑人生這個階段之所以不好過，並非因為她要和男友同居，或試圖將狀態從「單身，而且愛死單身了！」改為「處於快樂且穩定的戀情中」，而是因為沒有閨密陪伴，日常生活變得難以忍受。

我們沒對彼此大聲說出這些事情。我們怪罪對方害友誼陷入僵局，告訴自己，「我都卸下心防了，她為什麼做不到？」黛柏拉．泰南正在某處大喊：「互補式分裂創始！」

我們在不同時刻，分別意識到友情出了問題，努力以我們自己笨拙的方式來解決。我們的電郵反映出我們自覺如履薄冰。安從省視內觀的僻靜寫作營回家之後，傳電郵給艾米娜托：「我最近常想到妳。寫作營上有幾個女人問起我的紋身，我回答她們時意識到，我很感恩有這個具體的事物提醒我，我一直都希望我們能成為彼此生活的一部

1 complementary schismogenesis，即一方示強，另一方就示弱，但發展到最後，示弱者會心有不甘，因而產生衝突。

分。」艾米娜托在幾小時後回信。「我最近也常想到妳，想到該如何往前走，（這樣說好誇張喔︶）我知道我們不會有事的。也許會變得不一樣，但改變是好事，對嗎？」

我們在那封電郵中承認，眼前有個雙方都想解決的問題。承認這一點，感覺就像是進步。我們以為要解決問題，就是倒帶，回到當初我們友愛親密的階段。

♡

雖然我們當時並沒說開，但我們是想複製當年建立友誼的步驟以挽救友情：找到火花，多點時間碰面經營感情，對彼此直言不諱。只是這次困難多了。

住所只相隔幾條街的日子已不復返，每一次都得精心計畫、付出心力，才能有面對面的互動。我們一直保持數位聯繫，因此可以傳送梗圖或基努・李維的性感照片，我們自知需要深度對談，光靠簡訊絕對辦不到。而且我們不確定彼此之間是否還有火花——至少，不是有意義的那種。最近唯一產生火花的那次只帶來負面的情緒，因為我們誤解對方。

但我們都很想修復友誼。請記住，我們曾發誓自己「大到不能倒」。此時我們對這樣的誓言已不再深信不疑，但我們希望可以讓友情起死回生。我們仍然深切地關心對方，也希望自己能做得更多。

為了打破這個惡性循環，我們自然推論出這個結果：只要花更多時間相處就好了。所以我們才去了水療中心試圖挽救友誼。

那次溫泉度假，我們裝裝樣子，試圖打開心房，結果只是凸顯沉默有多不安，披薩晚餐有多尷尬，以及身體美療有多棒。如果有人想藉由度假挽救岌岌可危的友誼，強烈建議各位做溫泉水療。雖然無論如何去角質，都無法除去冷漠心房的層層防禦，但皮膚表層真的會變得很柔軟。

那次旅行和初相識時無所事事賴在沙發上的對比很明顯。雙方都覺得受傷太久，不可能像當年一樣當對方素昧平生。我們各自回家之後，覺得我們之間沒有任何改變，心牆還在。

在我們的友誼最低潮時，如果艾米娜托無法入睡，就會開始思考事情如何結束的機制。**好吧，我們可能要談談這個問題了。呃，我倆都不擅長討論這件事。我們不得不取消播客，解散我們的公司，要處理的文書工作很多。呃，我討厭文書工作。我們可能還**

得告訴所有其他朋友。我真的受不了要做這件事情。就算做了，又有什麼意義？又不是這輩子再也見不到安。如果我在派對上見到她，我們會不會都不跟對方說話？如果真是這樣，我可能會傷心死。

我們知道決裂之後就不會再有溝通失靈的問題，因為我們各自花了很多時間考慮這種可能。我們以前都各自有許多朋友是短暫地交往，或是手帕交漸行漸遠，抑或突然痛苦地斷交。當我們遇到難關時，斷交的可能性會陰魂不散地出現。其實友誼常會突然變質。原本平靜無波，但當大環境改變時，可能因為一方或雙方失去興趣而結束。一方不再勉強自己，另一方不再釋放善意，雙方不再聯絡的時間很快就成了六個月……或六年。

這個事實適用於許多友誼。人都會改變。然而，我們在情感上難以接受這樣的事實：不是每個朋友都能維持一生一世——尤其是只有一方想結束這段關係時。許多友誼的核心都有個兩難的處境，我們期望摯友能終生相伴（所以「ＢＦＦ」才有最後一個Ｆ）。同時，社會文化又告訴我們，如果合不來，直接結束也無所謂，有時甚至不必多談。

修復友誼無法靠單方面決定，必須**雙方**都做出同樣的選擇。我們很幸運，兩人都願意解決問題，因為我們知道很多人不肯這麼做。播客的聽眾常聽到我們談論友誼，因此我們的收件匣收到大量片面宣告斷交的故事。有誰比我們這兩個據稱**友情彌堅**的人更善於解決棘手的友誼問題？如果此時你正在搖頭，我們也一起含淚而笑。儘管我們常常不知道該如何回信，在我們自己的友誼也瀕臨崩潰時，這些故事讓我們覺得沒那麼孤單。

舉例如下：

> 我最好的閨密大概甩掉我了。我們以前常見面，在WhatsApp上聊個不停——就跟大家差不多。我覺得我和她特別投緣。十一月之後，她開始和男朋友認真交往，在那之後的幾個月，她慢慢淡出我的生活。
>
> ——————
>
> 我告訴她，我不接受這種對待；我依舊很難過，需要更多時間療傷。我並未關上大門，她仍有機會修復關係，但她的回覆充滿謾罵，換句話說大概就是：「我說過我很抱歉了，死三八。」
>
> ——————
>
> 我們通電話聊天，我主動問起她最近為何敷衍我，於是她就說了。她一一數落我的

不是，說她已經隱忍十年。在她一連串的怒罵和我不斷流淚道歉之後，她結束了這段友誼，說我們已經斷交。我這幾天哭得一塌糊塗，哀悼這段逝去的友誼，這段友情是過去的我的一部分。

——————

拒〔朋友〕於千里之外，我的心情也很糟，這幾個月無法參與朋友的生活，我也很難過，但我得努力練習為自己在友誼中的需求挺身而出。

我們看到許多電郵提到最近被宣告死亡的友誼。有慢慢疏遠，有無法解決的火爆爭執，有隱忍多年的不滿，有單方面決定斷交；每一類都有自己的問題。這段友誼是否真的走到盡頭，還是只為迎接另一段關係？是你要求太多，還是只是想為自己據理力爭？友誼失和的訴訟時效是多久？是你遭到關係毒害，或是**你**就是那個加害者？人們通常都靠自己胡亂應付這些問題，而不是與造成問題的朋友討論解決。

如果是交往了幾個月的戀人，就不能用精簡的簡訊甩掉對方。多數人都同意人間蒸發——不回電話或簡訊，直接消失——這樣做很過分，儘管這種情形很常見。但是朋友斷交，卻沒有類似的規則或公式可循。即使是多年的親密摯友，可預料的行動方針就是從對方的生活中消失，彷彿一切已經是常態，而且平靜無痛。

事實上，友誼的褪色往往是單方面決定的，更類似人間蒸發，而不是彼此同意之後的漸行漸遠。當一方放棄友誼，另一方就會懷疑對方是否永遠拋棄自己，或者只是剛好現在比較忙因而不再聯絡。即使人們已經接受朋友再也不回頭的事實，但對於到底哪裡出了差錯，還是有許多疑問。

通常離開的人會覺得自己終於擺脫對人生毫無助益，甚至是有毒的朋友。臨床心理學家和友誼專家米莉安・克邁爾博士（Miriam Kirmayer）聽過許多單方面分手的故事。雖然克邁爾願意幫助朋友解決他們的問題，但到目前為止，來找她治療的個案都是隻身前來諮商友誼問題。在她這行，她常聽到有毒的朋友。她說：「每當我開研討會或講座，這個話題似乎最能引起共鳴。」

每個人都曾交過毒友。閉上眼睛，就能想像這個人的「光榮」事蹟。因為壞影響而結束友誼絕對有道理——健康的成年人都知道設下界限很重要，不是嗎？但克邁爾提醒個案要重新思考這種觀念。她說，人們用「有毒」這個詞來指涉友誼中各式各樣的狀況，但並不是所有的友誼都能被貼上這個標籤。「其實這只是掩蓋一個事實，即在任何關係中都無法避免衝突，友誼也不例外，」克邁爾說。「尤其是親密的知交。」

有些友誼**確實**有不好的影響，但人們可能很快就消極地說「我們漸行漸遠」，其實只是他們不肯再努力經營，或者直接用「有毒」這個詞來形容某段其實仍值得挽救的友誼。「我的工作有絕大部分是幫助人們換個方式思考，不要在友情陷入低潮時，就把斷交當成唯一可能或合理的反應。」克邁爾說。她也勸個案在他們想放棄的關係中找出一個模式，並且仔細反省自己的行為。

當我們思索是否要結束這段友誼時，都考慮過這些事。我們知道不僅要改寫對未來的期望，也要質疑我們過去對友誼的所有感受。**我們真的像我想的那麼親密嗎？**肯定也會有種赤裸的感覺。**這麼了解我的人，對我已經沒有道義責任了。**

朋友間會分手很難說清楚原因。你不能怪罪性生活失敗，或因為自己另結新歡，甚至無法言不由衷地說「我們還可以做朋友」這種經典台詞，所以友情決裂可能比戀人分手更椎心刺骨。克邁爾說：「我們多半會認為，不不，這件事反映了我是什麼樣的人——不只是作為一個朋友，而是和**我這個人**有關。」

所以友誼破裂才如此難以啟齒，因為它披著羞恥和困惑的外衣。泰南在她的書中說，她聽過最痛心的故事，就是女性的閨密友誼戛然而止。「此人與你關係密切，一直是你生活的一部分，但她突然拒絕見你或與你說話，她的離開在你的生活和心裡留下缺口，你可能納悶自己為何被拋棄，」她寫道。「你可能會懷疑自己的內心深處有致命缺陷，所以不適合當朋友。」

我們有位聽眾寫信敘述她的友誼突然結束，「這比任何一次分手、失業和家人過世都讓我更難受。」當戀情結束或家屬去世，世人可以接受你請假，整個週末穿著睡衣失魂落魄地遊蕩，身邊的人也會更溫柔地呵護你。如果你剛經歷痛苦的友情決裂，最好也可以打電話給上司，說你需要請假療傷，但根本不可能。當友誼分崩離析，人們的反應多半是：「也許你們的緣分盡了。」但這聽來只會讓人感覺更糟糕。

「首先，我們應該認真看待友情的結束，」《到家發個簡訊》（*Text Me When You Get Home: The Evolution and Triumph of Modern Female Friendships*）的作者凱琳・謝弗（Kayleen Schaefer）說。「你知道，如果你覺得沮喪，其他朋友又不想多談，你必須讓他們知道，這種狀況讓你有多不安。因為你不能討論，就無法處理。」

你將來也非處理不可。承認友誼可能是生命中最深刻、最強大的關係，就是承認另一件更難面對的事實：當友誼走到盡頭，可能造成巨大的傷口，也許永遠無法完全癒合。這就是決定進入摯交的美妙之處，你擔起情感風險。這個風險遠比談戀愛更大，因為沒有規則引導你度過艱難的時期。如果友誼分崩離析，沒有任何儀式可以幫你療傷、接受現實。克邁爾說，「所以人們面臨友情終止，心痛的時間會更長、感覺更深刻。」

友誼越深遠，結束時就越痛苦。有時這段友誼也讓我們覺得心累，但是想到我們若在決裂多年後共處一室，還聽到可怕的〈熟悉的陌生人〉[2]，簡直是地獄。我們的朋友圈緊密交錯，我們本人或在網路上一定會不斷相遇，也會突然出現在對方的動態牆上，提醒彼此失去的情誼。

儘管我們覺得修復關係屢屢失敗，卻還沒準備好分道揚鑣。我們都覺得這段友誼值得盡心維持，但各有各自秉持的理由。艾米娜托非常焦慮，她認為友誼陷入這種狀況，說明她有更深層的問題，也表示她的溝通能力不足。**我是怎麼回事？我有病嗎？**她反覆問自己這些問題。也許其他人會有答案。安和艾米娜托一樣，也開始質疑自己：**其實我是有毒的朋友嗎？**這些胡思亂想的風險都很高。安在日記中潦草地寫著，也在腦中反覆回想這些細節，每次的結論都是：**一走了之不容易，留下來解決問題也很困難。如果兩條路都很痛苦，為什麼不乾脆留下來？**

我們兩人各有自己的理由，但都得到同樣的結論：我們還不能放棄對方。

人們預期友情是人生中最輕鬆的一環，只有無止境的支持，不會產生衝突。但如果一旦變得難以處理呢？好吧，那這段友誼大概不是命中注定。市面上有眾多的書籍幫忙人們度過婚姻危機，建議如何修復疏遠的家庭關係；但察覺友情正在瓦解，卻不知道如何修補的人，卻找不到太多指導原則。當我們在谷歌上搜尋「救命，我認為我朋友想要跟我一刀兩斷」，結果沒找到答案時，反而更焦慮。許多文章講述朋友斷交有多痛苦，幾乎每一篇都有壓倒性的宿命感，彷彿岌岌可危的友誼只能走向滅亡。

到底該如何**拯救**友誼？wikiHow有篇筆調輕快的文章建議：「幸好我們有方法可以挽救垂死的友誼，你可以主動找朋友溝通，表達你在乎。如果和朋友吵架，為自己在爭執中的角色道歉，把事情說清楚。此外，和朋友製造新回憶、學習妥協，進而滋養你們的友誼。」插圖就是兩個面色陰沉的人坐在沙發上。

友誼可能是生命中最重要的親密關係，但資源如此匱乏簡直荒謬至極。當然，有些

2 Somebody I Used to Know，澳洲歌手Gotye創作、演唱。

「朋友」只是你勉強維持聯繫的前同學，或者每年只會一起用餐兩次的人，也許這些人很容易被遺忘。但我們這裡談論的是真正的朋友，**大**朋友。這些朋友知道你最狗屁倒灶的事，但還是堅持留在你的身邊。這些朋友見證你的成長和改變，聽你一遍又一遍地講述你的故事。如果親密感是讓家庭和戀情都如此有意義**又**如此複雜的原因，「強大友誼」又有何不同呢？兩人的情感生活盤根錯節，難免出問題。長遠看來，所有友誼不一定都一樣，但有一點絕對不會錯：任何強大的友誼都會面臨破滅的威脅。

我們竟然從來沒想過這個問題！說真的，我們「大到不能倒」的傲慢心態令人震驚。我們發現自己處於無法擺脫的情感疏離期時，心中百感交集，羞愧，想逃，希望時間能解決問題。覺得氣餒，困惑，非常傷心。我們有這麼多感受，卻找不到一條前進的道路。我們不知道什麼是為友誼而戰，因此不得不自己摸索，解決問題。

然而我們發現，靠自己是辦不到的。

很多婚禮會請在場的嘉賓、親屬說他們自己的「我願意」，並承諾幫助新人度過艱難時期。對我們來說，共享同一個社交圈，在這種低潮期反而讓事情更棘手，而不是更容易。因為我們的朋友圈緊密結合，我們不希望坦率解決溝通障礙，卻被當成茶餘飯後的八卦。我們不願意向共同的朋友尋求支持，不希望他們覺得必須選邊站。結果我們兩人只能在腦中翻來覆去地思索，想像對方嚴重踩到自己的地雷，卻不肯面對現實；當我們獨自試著找出彼此之間的問題時，感覺更孤單。我們在這段時期所寫的日記簡直一片混亂。

到頭來，我們的關係出現契機，這要歸功於我們是事業夥伴這件事。雖然搖搖欲墜的友情找不到文化支持，但是資本主義的美國絕對希望你拯救新創公司或小企業。因為我們擁有共同的工作成就，因此坦承需要專家協助就容易多了。正如美國公共廣播電台在二〇一五年的報導，「矽谷有越來越多的合夥人在事業走下坡之前就開始尋求協助——他們報名參加伴侶諮商。」共同創辦人會接受諮商，解決他們之間的衝突，以免影響公司運作。儘管我們不認為彼此的問題與工作有關，但因為我們也是同事，因此才有機會接受諮商挽救友誼，卻不至於感到不自在。

某天，我們約好時間通電話，討論「閃耀理論」。這個概念已經相當普及，人們開始問：「《閃耀理論》這本書在哪裡？」就某些層面來看，出書似乎是合乎邏輯的下一步，但我們都不確定自己是否有足夠的情緒能力。

安在電話中吞吞吐吐，在艾米娜托追問下才承認，「我覺得糟透了。」也許這次是因為通電話，才創造了不同的契機，以往我們只是在電郵和簡訊中小心翼翼地承認彼此的關係不佳。我們已經疏於真正的對話溝通，但我們的確對一件事情達成共識，那就是我們不知道如何擺脫困境。我們在上次的溫泉週末試過，卻以失敗告終，無法「找回魔力」。我們的友情已經變質許久，不可能自動好轉。

安建議我們一起去找醫生。從一個未曾求助過心理醫生的道地中西部人嘴裡聽到這句話，艾米娜托知道安是很認真的。

沒錯。我們去做伴侶諮商。

從我們同意的那一刻起，彼此就全心投入。我們商量發信給共同的朋友，請他們推薦醫生。我們設定了幾個標準，對方必須是有色人種或對非白人個案有豐富的經驗。此人有女權主義傾向，可以立刻理解我們是朋友，而不會誤解我們是戀人或只是生意合夥人。這個人願意進行線上看診，因為我們依舊相隔兩地。之前我們曾找到某個醫生，也去看診過幾次，有一次我們剛好可以親自過去，離開他的診間後，我們就在電梯裡對對方大聲說，這個人不適合我們，於是，我們又重新找醫生。

有個朋友推薦她認識的醫生，對方採用「情緒取向治療」，這是修復親密關係的短期方法（通常是八到二十次的輔導）。安上谷歌搜索，發現：**天啊，這是多步驟的療**

程。她內心充滿了希望，原來這不是不治之症！有人有治療計畫！我們定期看診，在七十五到九十分鐘的輔導時間裡卸下情緒包袱。

新的心理醫生建議我們頭幾次要親自到場，所以艾米娜托到洛杉磯住了一段時間。我們兩個人的保單都不涵蓋心理諮商費用，看診金額的確令人瞠目結舌，但我們已經下定決心，也認定這筆錢是投資友誼。

最初幾次輔導，我們先約在安的家見面，再一起開車過去。我們不曉得當時為何對兩人的服裝很相配這件事感到意外，我們一定會確保兩人都用過餐，因為我們空腹會無法調節情緒，還會反覆確認彼此是否都帶了水壺。陌生人在街上看到我們，可能以為我們是去做劇烈運動，其實他們也沒猜錯。

在那幾次親自會診的過程中，我們並肩尷尬地坐在醫生的診間，並避免直視對方。坐在對面的醫生指出，既然我們都來了，就表示我們還深愛對方。起初大部分的工作是弄清楚我們如何傷到對方、我們沒把哪些話說出口。當初安認為這是修復關係的具體計畫，後來她這種新手的樂觀態度便開始煙消雲散。（艾米娜托接受輔導的經驗比較豐富，她禮貌地拒絕直呼醫生的名字，因為我們的會診尚未取得突破。）我們彼此疏遠已經這麼久，至少要花同樣多的時間才能恢復親密感。

心理醫生開始指出哪裡是關係的裂縫，輔導才出現成效。她解釋，我們陷入的循環會破壞任何親密關係。安的情緒反應較慢，第一時間似乎不會及時回應，但她會花好幾個小時反思。艾米娜托則會立刻承認自己碰上了棘手的狀況，希望有明確計畫和後續跟進的時間表。因為我們之間有這些迥然不同的差異，加上以前沒發現的不同，彼此的深厚感情已經瓦解，不再是對方的安全堡壘或避風港，所以我們才不肯在對方面前示弱。儘管我們竭盡全力想重建感情，也是因此覺得辦不到。

有一次，心理醫生像破案的偵探，篤定地說明我們有害的情緒模式：安害怕傷害艾米娜托，以致不斷退縮；艾米娜托察覺安有所隱瞞，而閃得更遠。安看出艾米娜托和她漸行漸遠，心想自己傷害了她，便退得更遠。「所以才稱為循環。」醫生說。

心理醫生診所附近停車場的繳費機上面醒目地寫著：「成功是觸底後反彈的高度[3]——喬治・巴頓[4]。」熱衷戰爭的這位，精確描述我們重建感情之役。儘管友情陷入低谷，但我們每次離開車庫時還能拿這件事來取笑。

諮商輔導拯救了這段關係，因為我們可以在取得專業證照的成人陪同之下，各自說出心裡的不滿，並學習如何共同處理。接受過治療就知道，輔導過程多半是心理醫生重複你說過的話。「我想我聽到你說的是……」的語法結構至今仍讓艾米娜托渾身打冷顫。聽到別人重複自己的想法很震撼，有時，醫生說得對；有時，我們會想辦法再進一步說明。我們兩人都很重視用語言表達心中的想法，聽到我們在哪些方面達成共識，哪些方面沒忠實傳達自己的感受，這樣才能把事情說清楚講明白。心理醫生經常請我們面對彼此，闡述我們認為很明顯的感受。

「我害怕失去妳。」

「我以為我已經失去妳了。」

我們竟然有那麼多重大的事情，例如需求、期待，以及與人溝通的首選模式，從來都未曾與對方明確討論過。治療的過程多半側重於消除彼此的同一性（sameness），因為在我們開始理解自己的行為之前，必須先知道彼此到底有多麼不同。我們做了太多假設，其中大部分都可以追溯到彼此最初友誼的安逸時光。我們到現在還在學習不要先入為主。

在我們的朋友中，似乎每個人都有位心理醫生，許多人都曾和戀人一起接受輔導，有些人也接受過家庭治療。但是和朋友一起接受伴侶諮商似乎……很瘋狂。這種做法既

3 作者註：心理醫生停車場的牌子上寫著「成功是觸底後反彈的高度」，正確引言應該是「成功是觸底時反彈的高度」。

4 George Patton，第二次世界大戰著名的美國將軍。

與眾不同又很花錢。知道我們接受輔導的人並不多。

「我們看心理醫生挽救友誼」，這話現在聽來依然很彆扭。但如果反過來說，「我們沒盡力挽救友誼」，就沒那麼荒謬了。友情的不可思議之處，在於你可以沉浸在另一個人的世界，對方不是愛戀你，也不是你的家人，卻非常了解你。這種關係巧妙混合了獨立和依賴，必須靠雙方不斷主動投入。而這些也是能從內部撕裂情誼的原因。如果每段友誼都受到心照不宣的默契支配，當環境不可避免地發生變化，以往的默契派不上用場時，唯一的應變方法就是明確地重述它們。我們當初就這麼做，現在也持續進行中。

我們知道接受輔導很花錢，也不認為這是理所當然的選擇。我們以前絕對無法負擔，情感上更沒辦法承受。然而我們靠這種方式與對方一起親身實踐，不只是口頭說我們願意考慮。這是我們投資（這樣說的確名副其實）友誼的方式。也許有些強大的友誼可以透過週末度假和良好立意就能挽救，但我們的不行。我們無法靠自己辦到，需要專家出手，我們也很自豪能想出這個方法。

最令人心碎的事情不是我們的友誼出現難關，也不是我們傷害對方，並且長久以來都溝通不良。最悲哀的是我們再也回不去的時光。我們錯過彼此在那段時間的生活點滴，沒有陪伴彼此度過難關，沒有講些我們才聽得懂的笑話；如果我們之間從未出現裂痕，這段友誼可能就不一樣。

好消息是，我們還是朋友，仍然維持深厚的情誼。只是我們現在知道，要花多少心力才不會辜負對方。

第十章

天長地久——如何防止友誼冷卻？

我們距離當年邂逅已經整整十年，分住兩地的時間比同住一個城市多上一倍。我們仍然經常見面，幾乎每天通話，然而窩在沙發上看電視或每週去歡樂暢飲的歲月彷彿很遙遠。事實就是我們要融入對方的生活比以前更難，而且我們還是**工作**夥伴。

近年來，多數朋友的個人和工作責任不斷擴大，以前從不覺得時間如此珍貴或重要。專家說，說到友誼，三十至五十歲往往是個低谷。在這段時期，與朋友漫無目的地共度開始顯得奢侈，甚至可說是放縱，儘管這在年輕時期似乎是第二天性。如果你像我們一樣幸運，年輕時期就有大把時間可以與朋友相處。這些朋友幫你釐清你究竟是什麼樣的人、希望成為什麼樣的人，你又對這個世界有何要求。等你終於接受自我，實現願望，幾乎已經沒閒暇留給那些幫你達成目標的人。

在我們相遇的那一年，幽默大師大衛・塞德里（David Sedaris）在《紐約客》發表一篇文章，寫到關於生活優先事項的「四個爐口」理論。他是從一位他認為成功且幸福的女人身上學到這個比喻，這位女士解釋，人生就像爐灶：「一個爐口代表家庭，一個是朋友，第三個象徵健康，第四個是工作。」在這個比喻中，一次開著四個爐口，爐灶會用不久，為了取得成功，你必須關掉其中一口。如果想**真正**出人頭地，只能開著兩個爐口。很少有人有關掉工作的餘裕，對許多人而言，關掉家庭也是難以想像。退一步說，關掉健康也撐不了太久。因此，大多數人第一個關掉的選項就是「朋友」這口。

爐灶的比喻可能描述了忙碌的成人如何看待他們的生活，但是這個概念只考慮到你付出的心力，而忽略了你從這些重要層面**獲得的**回饋。雖然這個比喻簡單明瞭，但人生可沒那麼容易區分成放在不同爐口的鍋子。熄滅友誼的爐火也會影響到生活其他層面。少了「閃耀理論」，更難維持工作那口爐火不熄滅，或者在事業能力爭上游，抑或遇到挫折時得到支持。沒有朋友，更難度過家庭的轉折，例如父母去世、孩子出生，或與手足疏遠的時期。

至於健康，友誼對個人心理健康的影響遠大過家庭。少了朋友，也會危害健康。前衛生局局長維偉克．莫西（Vivek Murthy）在《哈佛商業評論》中寫道：「在我照顧病人的那些年，最常見的病症不是心臟病或糖尿病；而是孤獨。孤獨和淡薄的人際關係會使人縮短壽命，等同每天抽十五支菸。」他又列舉社交孤立的各種負面影響。不僅醫生對此感到擔心，二〇一八年，英國政府便任命大臣解決孤獨問題，澳洲人也呼籲政府高層仿效這種做法。

孤獨不僅是落單的狀況。根據《華盛頓郵報》報導，更精確的定義是，「當現實未能滿足人們理想的人際關係時所感到的苦惱。」換句話說，孤獨的人不見得沒有朋友。

儘管社會越來越關心「孤獨流行病」，但承認沒有朋友的美國人的百分比始終少到只有個位數。也許更多的人感到孤獨，是因為長久以來沒抽出時間與朋友保持有意義的往來。社群媒體也脫不了嫌疑，人們能夠藉此「窺視」曾經真正交心的朋友，但社群媒體也拉開了人們希望維持友誼和貧乏現實之間的差距：這些網路上的朋友不是和你同甘共苦的同路人，他們只是有名無實的朋友。

研究人員威廉．羅林斯將友誼分為三類：活躍、休眠和只待追憶。活躍的友誼是你現階段人生的重要關係。你對這些朋友的投資就是要留時間給他們，知道他們每天的生活細節，可能也常見到他們。真正的朋友就是這個類別。休眠的友誼曾經很活躍，由於環境的因素，無法靠日常往來繼續鞏固。這類的友誼，可能最像熄滅的爐口，大家都覺得隨時可能起死回生，只要「再續前緣」就行了。最後，還有只待追憶的友誼，可能是突然斷交或漸行漸遠，你也不期望再回首。如果人生中只有休眠或只待追憶類型的朋友，人們自然會感到寂寞。

你可以隨時改寫友誼的規則，改變友情的類別。有時，新規則是必然的，當你們其中一方或雙方都經歷巨大的生活變化，重新調整了你們的優先順序，你們會同時遷就或重新調整期望。有時則是單方面決定讓友誼從活躍轉變為休眠，如果你們從未談論過，就無法確定當你準備重新點燃爐火時，這段友誼是否依然存在。任何離開工作崗位，成為全職照護者的人都知道，爐火熄滅許久之後，要重新點燃不見得容易。

也許更好的問題是，如何才能防止友誼冷卻？

當我們的友誼陷入低谷時，安在床上輾轉難眠，就像艾米娜托一樣，她也反覆出現負面思維，認定我們永遠無法重修舊好。當時安常想像某個畫面安慰自己：她和艾米娜托，幾十年後在專業場合或共同朋友的退休聚會上相遇。（說得好像我們這一代真有可能退休似的。）在這個畫面中，我們三十多歲時未修補關係，兩人慢慢疏遠。幾十年過去，老艾米娜托散發著托妮．莫里森[1]的氣質，顴骨還是一樣突出；年長的安則像漫畫裡的圖書館員。我們都穿著現在就很愛的舒適亞麻服裝（屬於艾琳．費雪[2]的時代即將來臨）。隨著年齡增長，怨恨和尷尬已經神奇化解。我們一起溜出會場，慢慢吃頓晚

1 Toni Morrison，美國非洲裔女性作家，於一九九三年獲諾貝爾文學獎，知名作品包括《最藍的眼睛》、《所羅門之歌》與《寵兒》。

2 Eileen Fisher，紐約設計師，布料挑選也很重視環保議題。

餐，也許再來幾杯上了年紀之後已經少碰的濃烈雞尾酒——艾米娜托喝黛綺莉（Daiquiri），安啜飲乾馬丁尼——我們聊聊彼此在這段時間錯過的所有近況。我們會感受到剛結識時那幾個月的親密感，或覺得可能重拾當年的深厚情誼。因為流逝的歲月已經夠長，我們可以再次迷上對方，只是我們現在的年紀更大，也更睿智，能更清楚什麼事情才重要。好個荒唐的幻想！

我們忍不住想像，人生到了某個階段，例如十年或二十年後，生活就會井然有序。那時我們對事業充滿信心，對自我意識充滿安全感，對每段關係中也會覺得充實滿足。那時不再會有溝通失靈，不會再透過嗑藥或狂看電視來忽視我們的問題。那時我們會擁有裝潢完美的家，金額不斷增長的儲蓄帳戶。那時只要聊個通宵，就有能力立刻修復早就破裂或忽略的友誼。

在我們友誼的最初階段，我們的理想就是永遠親密無間，彼此沒有任何的歧見。我們的目標就是達到歐普拉和蓋兒的狀態，在相互依賴和成為百分之百獨立女性的鋼索上輕鬆行走。我們的友誼永遠是充滿支援和愛的避風港，還有各種我們才知道的複雜的笑話，而且我們永遠不會傷害對方——無論是有意或無心。

有些理想聽起來還是很棒，但完美和輕鬆不再是我們的目標，現在我們對復原力更感興趣。我們努力拯救友誼，更證明了安幻想的老年團聚場景有多荒謬。如果沒有某種程度的誤解或衝突，就不可能真正交心，也找不回不在對方身邊的那些歲月。所以偉大友誼的真正目標就是繼續當朋友，與其假裝我們不會碰到挑戰，我們更希望有能力走出低潮，治癒無可避免的傷口。

要成為真正的朋友並沒有自動駕駛模式，必須靠不斷地付出。活躍的友誼也需要積極的維護，不能只是坐著不動，什麼也不做，就想要享受意義深遠的關係（或是任何關係）所帶來的好處。行動對友誼格外重要，因為這種關係沒有家庭期望或結婚證書。如果不採取行動證明這段關係的重要性，維持它的生命力，這段友誼就無法持續。

創造偉大的友誼有一定的條件，要確保這段關係長長久久，也有一些方法。將依附理論應用於親密友誼的教授艾蜜莉．蘭根表示，能與親密朋友保持依戀關係可以歸納為三個主因：慣例、保證和坦誠。

第一是慣例，因為「我們需要共同的紀念性經歷，」蘭根說，所以家庭要在節日團圓，所以夫妻會以結婚紀念日慶祝雙方多年來對婚姻投注的心力。「但友誼不具備這些特徵，它沒有里程碑。」所以要由朋友自己創造。

我們兩個人的行事曆上都把朋友周年慶標記為年度大事。過去幾年，我們彼此送禮，吃飯，花很長的時間煲電話粥以茲紀念。我們的社群媒體上都有熱情洋溢的周年慶貼文。我們寫這本書太忙，以致沒有慶祝重要的十周年紀念日，不過大家放心，我們會在十一周年紀念日好好慶祝。

即使不制定特別的日子，每年與真正的朋友一起出遊也是可靠的儀式。尤其對分隔兩地的朋友而言，一起到同一個地點旅行，意義不只是歡樂出遊，這也代表眾人再次承諾願意扶持與陪伴對方。儘管「沙漠女郎」不盡完美，卻是個好例子。這個活動在每年一月舉辦，背景一定是南加州沙漠的燦爛陽光。「沙漠女郎」有固定的食物傳統（我們會從中東餐廳訂購「商業午餐」）、有我們才懂的笑話，以及每年都相同的賓客名單。等「沙漠女郎」旅行結束後，安才會覺得新的一年真正開始。

現有的節日也有機會成為固定慣例。艾米娜托這幾年的感恩節都和同一群朋友一起度過，他們總是到偏僻的地方過節。隨著生活越來越忙碌，她才體會到，她所愛的人得搭兩班飛機、開車三小時來歡度節日是多棒的禮物。每年的菜單都不同，他們在餐桌上總是輪流感恩。這種方法既能了解彼此的近況，也是一起為來年設定目標。節慶儀式為家庭提供身分認同和歸屬感，上一代藉此將價值觀、歷史和文化傳給下一代，朋友間也能達到同樣的目的。

當然，並非所有的慣例都是大事。有時，正是那些小事，提醒彼此友誼的重要性。艾米娜托很高興每天醒來都能看到朋友莎拉的詩，她因此記得莎拉是個超級慈悲和善良的人，也記得無論世界時局好壞，莎拉每天都能發現美麗的事物。她經常告訴艾米娜托，「溫柔和可愛是一種生活風格」，現在艾米娜托知道她所言不虛。每當安去拜訪超過相交二十五年的摯友朋友賈許，他們第一晚都會去同一家餐館，點同樣的餐點：兩個帶有培根的素食漢堡（安違反她的素食原則，這正是使這個慣例成為慣例的原因）和兩杯招牌紅酒。這是專屬於這段友誼的私人慣例，這不僅是她和賈許講的故事，也是他們一起**做**的事情。

即使你們相隔許多時區，數位溝通也可以有儀式感，例如每次做某件特定事項時一定傳簡訊給對方，或計畫每週同一時間各自觀看同一個節目。我們和十幾個遠方的朋友共用相片串流，在相簿裡隨時發布我們覺得好看的服裝自拍照。每週有好幾個晚上，安的高中閨密布麗姬會在一天結束時傳簡訊：「晚安！」每當艾米娜托搭飛機，都會把航班資訊傳給夏妮。夏妮知道艾米娜托搭飛機就緊張，便會立刻回簡訊，溫柔地提醒她，「飛機知道該怎麼做！」艾米娜托因此覺得有人照應、安慰，有人關心她在離地四萬呎的金屬管子裡。這個慣例還提醒她，隨時可以依賴夏妮。

光有慣例還不夠，這時候就需要保證。即使最親密的朋友也得向對方保證，這段友誼很重要。蘭根說，維持感情的另一個關鍵，是找到口頭和非口頭的方式告訴彼此，你打算未來也陪在對方身邊。她舉了她自己的例子：「我對朋友吉兒說，『妳能想像我們六十五歲時，還會拿當年在坎昆度過的糟透了的日子開玩笑嗎？』我以口頭方式點出我們六十五歲時還是朋友。」這當然比不上婚誓，卻代表長遠的承諾。

同樣地，我們兩人笑稱說要穿上相配的寬鬆長袍，並肩坐在「**黃金女郎**」風格的陽台時，也不只是玩笑話，這就保證我們打算和對方往來那麼久。短時間內也能提供保證，好比你拿起晚餐的帳單，告訴朋友，「放心啦，下次會讓你請客。」我們對彼此有許多深遠的保證，其一就是選擇相配的紋身，表示我們永遠是好友。我們可能永遠不會有相同血親來源的外貌特徵，但我們可以有相配的紋身，向世界和自己宣稱，我們屬於對方。

有時真正的朋友也能有書面保證。多數白紙黑字的承諾都是專屬於家屬和伴侶，像結婚證書、出生證明和領養資料這類的東西，在友誼中並沒有能相提並論的事物，但可以用能得到重要機構理解的方式來宣布友誼。幾年前，安起草遺囑，她指定布麗姬繼承她所有的財產。律師問起布麗姬的身分時，安說，「她是我最久、最要好的朋友。」對方聽到後還揚起了眉毛。艾米娜托則指定夏妮成為醫療保健代理人，當她本人喪失做決定的能力時，就委託夏妮全權作主。就友誼而言，這已經是最具體的保證。

蘭根告訴我們，坦率是維持友誼的另一個重要方式時，對此我們並不感到意外。當你們當中有一方因為影響友誼的改變而感到勉強或緊張，就需要直言不諱。唯一的解決方法，通常就是承認事實。沒錯，這很難。尤其是冷淡的沉默已經成為常態時，開誠布公地討論你覺得與朋友並不同調，可能很冒險。

「我可以戳破配偶的謊言，因為我假設他們不能離開，」蘭根說。「就友誼而言，人們害怕被拋棄，害怕失去，因為沒有人規定非得留下來不可。所以很多人遲疑不決，因為你不知道對方是否會留下來陪伴你，畢竟他們沒必要這麼做。」老實說出你對友誼感到失望或難過，也可能會聽到朋友說，「你知道嗎？我沒放心思在這段友誼上，因為我其實不想再和你當朋友。」有什麼事情能比聽到**那句話**更令人痛苦？難怪我們多數人選擇沉默，放任友誼陷入休眠或只待追憶的類別。

我們之所以願意解決威脅友誼的問題，是因為沉默的感覺已經糟到極點，我們篤定彼此的關係只會改善，不可能更差。所以我們才肯就範，說出心裡話。現在我們應該都很清楚，如果這些煩惱沒攤在光天化日之下，就會一點一滴地啃噬友誼，直到消耗殆盡。然而這個過程並不容易，但是我們就像在許多艱難時期對彼此做出的承諾一樣，依然互相扶持。

蘭根補充，吐露心聲也代表承認對方這個朋友有多重要——一定要對他們**說**，你重視他們在你生命中扮演的角色。不要只是偶爾深情地想起朋友，更要告訴他們，如果對方從你的生命中消失，你的人生將失去意義。告訴他們，你愛他們。確切告訴他們，你為什麼堅持這段友誼，希望它能天長地久。

你不會希望友誼的韌性只是為了讓它持續下去。你渴望具有韌性的深遠情誼，**你**，身為人，無可避免地碰上人生的狗屎鳥事時，才能堅韌地熬過去。我們認為偉大的友誼是加深、加廣支援團體的方式，而這些支持的力量可以陪我們度過困境。如果你只重視戀情，分手時，誰來牽你的手？若是一切都仰賴伴侶，肯定會毀掉你的婚姻。沒有一個人可以全面滿足你各方面的情感需求，只重視孩子，當他們長大成人，離家遠去，又過著忙碌的生活，你怎麼辦？如果只重視工作呢？哇，光想像都覺得悲哀。

友誼在後方爐口小火慢燉，絕對能保溫，其他關係就沒有這個能耐。但這種方法也有限期。如果你不付出同等的心力，你的朋友有什麼好處？又如果你只在離婚後或孩子上幼稚園才重拾友誼呢？不相見可不一定會倍感思念。你可能會發現，燈火闌珊處空無一人。

我們為一段關係付出多少關注和心力，會賦予它意義。我們可以選擇忽略友情，卻又希望友誼不冷卻，也能選擇將最重要的友誼提升到與婚姻、家庭和事業同等的地位。我們可以選擇保持友誼活躍，持續投注心力。

這麼做會有很大的回報。根據二〇一七年的某項研究，友誼會隨著人們年齡增長而變得更重要，程度甚至連研究人員都感到震驚。該研究的心理學教授作者威廉．喬皮克（William J. Chopik）告訴《時代雜誌》：「我剛開始做研究時，不確定友誼扮演的角色。真正令人驚訝的是，就很多層面而言，朋友關係與家人關係有類似的效果，在其他方面甚至超越親情。」他指出，到了老年，表淺或因時制宜的友誼已經逐漸消失，能持續到最後的友誼往往是「真正有影響力的」，也就是真正的朋友。

無論生命的最後一刻何時到來，我們一定都希望朋友陪在身邊。澳洲護士布朗妮．維爾（Bronnie Ware）多年來照顧死前十二週的病患，記錄他們臨終時的頓悟，並出版《和自己說好，生命裡只留下不後悔的選擇》一書。病人的五大遺憾之一，就是與朋友失去聯繫。「通常他們在臨終前幾週才意識到老朋友的好處，卻又不見得能找到他們，」維爾寫道，「許多人的人生已經問題重重，以至於忽略了重要的友誼。很多人懊惱對友誼付出的時間和心力不夠多，每個人臨終時都會懷念朋友。」

你在哭嗎？我們也是。

多數人在臨終前許久，就需要朋友的支援。心理學家海瑞亞．勒納（Harriet Lerner）告訴《紐約時報》：「當上天要你上一堂認識生命脆弱的速成課時，你就會發現良好的友誼多麼重要、多麼能救你一命。」難怪我們在心理醫生的架子上會注意到勒納著述的《可以溝通，真好》（*The Dance of Connection*），因為這本書寫的就是如何利用親密關係捱過溝通失靈。

安已經為這堂速成課準備了好幾年。她來到地球幾十年，從未經歷親人過世、真正的經濟拮据、嚴重的疾病、深刻的情感創傷，或家庭不和。對她而言，少了這些痛苦經驗只凸顯出友誼的重要性。正是因為朋友的經歷，她才知道人生可以多麼痛苦，所以她費心經營友情，因為這些人可以陪她度過難關。安知道她終究會體驗到這些苦難，那一天，她會需要這些朋友。

而艾米娜托對悲痛和重病並不陌生，朋友一次又一次地為她挺身而出。他們趕到東岸或西岸的急診室陪她，在艾米娜托無法完全理解醫囑時幫忙做筆記，在她需要時支持她。多年來，她的慢性病不斷惡化，又出現新症狀，而且難以分辨這些症狀之間是否有關聯，所以她仔細研讀醫學教科書，尋找答案。

新的婦產科醫生確認她罹患癌症時，她的確大受打擊，但並不意外。就某方面而言，多年來的各種症狀總算有名稱，令她如釋重負。確診為子宮內膜癌，她就能制定計畫，在她接受治療、開刀時尋求協助。她特別倚重夏妮，夏妮負責通知朋友圈，接送艾米娜托往返手術室。艾米娜托在漫長的腫瘤切除手術後轉往恢復室，醒來時只記得醫生說：「要我請夏妮進來嗎？她一直都在這裡。」

艾米娜托請人安排班表，這樣朋友們才能在她恢復期間輪流送餐，安高興地接下這個任務。當時，安更感激我們一起去接受過輔導。如果我們兩人還有隔閡，她無法想像該如何幫助艾米娜托。甚至在當下，安就發現這是重大事件，如果她和艾米娜托無法共同走過，這段關係將永遠無法恢復。但艾米娜托在手術恢復期阻止安親自飛去陪她，安不禁納悶是否因為她們不像往日般親密。但她專心做好能做的事情，從遠方支持朋友。在艾米娜托其他朋友的協助下，她在幾個城市籌辦捐血活動。艾米娜托特別要求朋友捐血幫助病患，安希望大家都能做到。

友誼是抵禦人生颶風的真實保單，社會學證據指出，如果有知交相伴，困境的艱苦程度也會減少。某項研究要求參與者評估山丘的陡峭程度，相較於隻身參與的人，偕伴參加的人會認為山丘看起來沒那麼高聳。當你擔心自己的世界正在瓦解時，深厚的友誼可以支撐你。當你覺得孤單時，它可以是個驗證的空間，給予「有人看到你存在」的如釋重負感，而不必用太多語言解釋你自己。同時真正的朋友也讓人有安全感，知道自己不必單獨經歷人生非得經歷的挑戰。

有人見證你別樹一格的人生，也具有莫大的價值。我們都希望能有人理解自己，擁有相識多年的知己，那種感覺更不可思議。艾米娜托的朋友安東就曾經傳電子郵件，分享自己的感想：「我很高興妳認識每個階段的我。一開始，妳就在，希望妳也能陪我走到盡頭。」

雖然以下的這個想法流傳已久，但如今仍然歷久彌新，也鼓舞人心。希臘哲學家時時掛念著友誼，認為友誼是基本美德，是幸福人生的支柱。他們認為，沒有友誼就沒有快樂、成就感或人生意義。根據亞里斯多德的說法，朋友是為彼此舉起一面鏡子，他們在鏡子裡看到自己攬鏡看不到的事物（這就像搖搖晃晃的自拍照和別人拍攝的清晰肖像的區別）。從別人的鏡子裡觀察自己，是我們身為人類的改進方式。我們可以從其他角度看到自身的缺陷，也會發現以前沒注意到的優點。當朋友特別要求你帶自製的檸檬酥皮派參加早午餐會，你才意識到自己已經是優秀的烘焙師。朋友鼓起勇氣說她覺得你從未認真聽她說話，你才體悟到這就是別人對你打開話匣子時的看法。若連續有三個朋友都打電話向你求助，詢問該如何要求加薪，你才明白原來自己擅長談判。一旦你在友誼的鏡子中看到自己——無論是優點或令人難堪之處——就不能視而不見。

我們能言善道的朋友黛歐用不同的比喻表達同樣的想法，「友誼中有種聲納，」她解釋，「你的個性會從事物和人身上反射回來。美好的友誼會讓你真正了解自己，即使只是潛移默化。」許多人在剛開始自我認知的年輕歲月，或在我們的身分經歷重大變化的時期，會覺得友誼最深厚，這點不無道理。身分發生變化時，我們有時不得不離開朋友，因為我們的聲納根本找不到他們。用希臘人的比喻來說，我們不想要他們的鏡子，我們看到的映像不再適合我們了。

在我們的十年友誼當中，我們彷彿經歷了不同的友情。我們依舊佩服當年搬著沉重抽屜櫃走上好幾層樓的女人——一個是從分手的痛苦得到力量，另一個只是想幫朋友打氣。那兩個女人相隔數千哩，躲在自家衣櫃裡想辦法學會如何使用麥克風和錄音設備，我們現在光想到都想對她們搖頭。那兩個女人在希望能「重燃舊情」的水療週末並肩泡泥漿浴，卻無法挽救凋零的友誼，我們對她們充滿同情。那兩個女人共同寫下這本書，每天都按時上工，誠實交代自己的感受，也更深入了解對方，我們為她們感到驕傲。

有些事情長久以來始終不變。我們的朋友圈裡仍然有許多連結點，我們仍然親身實踐「閃耀理論」。雖然我們不能每天見到對方，依舊得學著如何即時說出真正的心聲，並互相遷就。我們仍一起製作播客，所以我們繼續學習如何**同時**當朋友及同事。在艾米娜托所謂的「友情颶風」之後——浩劫規模的人為災難——我們持續修復關係，但我們依舊是至交。

現在我們已經難以回想自己與對方當朋友之前的模樣，也很難解釋如今又成了什麼樣的人。儘管難為情，我們也得承認，用了這麼多文字闡述我們之間的友誼，對方身上仍然有許多我們需要探索之處。然而透過這段友誼，我們更了解自己：了解自己的壞習慣，了解自己愛的能力，了解自己的適應力，其他關係都無法讓我們有如此深入的了解。我們很自豪將這段友誼培養得這麼強大，而且努力維持。如果沒盡這份心力，我們無法想像現在會是什麼景況。

也許有些罕見的偉大的友誼從頭到尾一帆風順，平靜無波，沒有低潮，可以從活躍狀態輕鬆切換至休眠狀態，再恢復到活躍狀態，雙方都心無芥蒂。但在我們看來，這是極不可能的，你能說出生命中任何一段有深遠意義的關係是百分之百的輕鬆愜意嗎？我們就沒辦法。

多數人都得努力維持「大友誼」。有時必須遷就對方，甚至遷就到自己都覺得緊繃，有時則是需要朋友遷就我們。我們有時會覺得雞同鴨講，有時覺得對方不了解我、沒把我放在心上。有時我們覺得遭到朋友辜負，有時則是我們辜負她們。再多的慣例、保證和坦誠，也無法時時都順風順水。面臨挑戰時，維持情誼的唯一方法是雙方都願意努力。無論順境或逆境，悉心呵護都是維繫友誼的唯一途徑。

這樣做的好處是朋友會看到真實的你。你會得到避風港般的安全感，你會覺得心滿意足，因為你知道你們選擇彼此，並且每天都選擇維繫感情。你因此更認識自己，這要感謝朋友這面外部的鏡子。你還會得到**很多**你們才知道的精采笑話。

不是所有友誼都能提供這些感覺。當你找到萬事俱備的深厚友誼時，請好好把握。投注心力，付出更多。哪怕全世界都告訴你，任其凋零也**沒關係**；即使你很忙，也要盡力付出。我們一起創造新世界，在這個世界，找到真正的朋友很重要，是塑造自我認知，改變人生的人際關係。先從重視自己的友誼開始，不僅因為友誼帶來快樂，也因為友誼帶來挑戰。

我們無法勾勒友誼的確切樣貌，因為每一段都不一樣。我們甚至不能保證最後一定會成功，友誼絕對會長存，畢竟我們連自己的友誼都沒把握，但我們可以根據親身經驗，篤定地告訴你：認真對待友情，你絕對不會後悔，我們就沒後悔。

謝辭

歡迎，各位饑渴的讀者！

Priscilla Painton和Julianna Haubner，謝謝你們從一開始就相信這個專案，認為這是一本有理想、有抱負的書，還幫忙接生。還有Caitlyn Reuss、Elise Ringo、Hana Park以及西蒙與舒斯特（Simon & Schuster）出版社的整個團隊，我們很自豪能與你們一起出版我們的第一本書。

Carrie Frye！靠，我們從妳身上學到如何將棘手、複雜的想法和故事，化為人們能閱讀的連貫性內容。妳是這行的大師，而我們謙卑地成為妳的連體橡樹果實。在這個過程中，我們成為朋友，對妳深表謝意。

Elizabeth Spiridakis Olson，感謝妳加入我們的播客，處理公司業務。Milan Zmic和De Marquis McDaniels，謝謝你們讓節目走紅。

最初的讀友，謝謝你們溫柔的包容和慷慨的回饋。你們的意見非常重要，因為你們花時間協助，讓這本書更精采。Jocelyn Hayes Simpson，我們愛死妳的大腦！謝謝妳教我們「筆記之後的筆記」，敦促我們寫出最好的故事。Tamara K. Nopper，感謝妳清晰和精確的指教。Brandon Taylor，你建議我們分開敘事與想法，再全部放回去是好點子。謝天謝地，幸好有你教導孩子寫作。感謝每一個支持這本書的人，無論你們是推薦、公開支持或私下鼓勵。

Beth Pickens，妳從第一天起就是我們的啦啦隊，沒有妳，我們不可能辦到。謝謝Claire Mazur和Erica Cerulo，Helaine Olen和Harold Pollack，以及Glynnis MacNicol，感謝你們無私、慷慨分享你們的圖書提案和共同寫作的經驗。Aubri Juhasz，謝謝妳幫我們做研究，核對事實，整理我們的谷歌檔案迷宮。Davis Bynum，感謝你花這麼多時間謄寫我們的訪問和對話。你知道我們所有的祕密！

Sarah Sophie Flicker和Jesse Peretz，Michael和Annette Stauning Flicker，Lauri和Doug Freedman，Zara Rahim，以及Ruth Ann和Bill Harnisch，感謝你們在我們寫作期間提供住宿。你們的慷慨改變了我們的人生，我們很幸運能認識你們，成為你們的朋友。也感謝Warren和Beryl讓我們在弗里波特住得好，吃得好。

CYG團隊，你們最棒！哈囉，Jordan Bailey、Carly Knowles、Brijae Morris和

Laura Bertocci。Quinn Heraty，謝謝你保護我們的點子，代表我們發送那麼多嚴厲的電子郵件。

吉娜・德爾瓦克，沒有妳，我們會一事無成，真的。我們愛妳的聰明才智，愛妳面對災難時的不動如山，愛妳無私的長期支持。妳是我們最理想的合作夥伴。

黛歐，謝謝妳介紹我們認識。妳就是**知道**這個決定是正確的。我們無法想像如果這輩子沒有妳這麼多年的友情支持。謝謝妳總是關心我們。謝謝妳先讀這本書。謝謝妳永遠擁護我們。

艾米娜托要感謝

我不敢相信自己偷搶拐騙地（難道上當的人是我？）寫完一本書。「謝辭」無法涵蓋我至深的感激之情。

Jay Mandel，走進你的辦公室之前，我不知道經紀人是什麼或做什麼，但離開時，我覺得許多夢想都能實現。謝謝你總是直言不諱，維護我的權利。我非常感謝WME每個默默幫助我生活更順利的工作人員，尤其是Sian-Ashleigh Edwards。這對我而言，意義重大。

Lauren Shonkoff，感謝妳幫助我們銷售這本書，感謝妳的持續協助。我愛錢，妳幫助我有收入！

Doug Singer，非常感謝你的建議和友誼。Deborah McIntosh，我親愛的朋友，感謝妳相信我。

在我的成長環境中，女兒不見得可以成為完整的人。我的兩位祖母都沒上過學，十幾歲就婚配成家。父親決定給我不一樣的人生。爸爸，謝謝你認真對待我。Marly、Alpha，我很高興能成為你們的朋友，真希望我們的媽媽能活著見到這一切。

我很感動，朋友們的愛**真的讓我不知所措**。抱歉不能一一感謝你們每個人。我會去找你們，告訴你們。謝謝你們關心這本書。謝謝你們**不問**我這本書的事。謝謝你們不要讓我只想著書。謝謝你們在我寫書時送餐餵食。謝謝你們讓我抱著你們的寶寶，在你們的床上哭泣。謝謝你們陪我聊難以消化的話題。謝謝你們傳梗圖，叫我去散步。我很重視這些點點滴滴，不敢相信自己竟然有這種狗屎運，可以和你們活在同樣的時空。

布蘭妮，我只喜歡和妳同床共枕，妳教我認識喜悅的真正涵義！梅賽德絲，了不起又可靠的梅賽德絲，妳堅若磐石。謝謝妳把Judd和Ryan帶進我的生活，他們真的照亮我的世界。Camilla，我每天醒來都努力效法妳的人生態度，學習妳認真愛人。

Aiesha，妳是我的姊妹。

Bobby、Caity、Josie、Lindsey、Zara：你們的聲音每天都迴盪在我的腦海裡。謝謝你們逗我笑。

Irin、Rebecca、Anna：我大聲說過的聰明話都是從你們身上學來的。謝謝你們教導我做人正直。

莎拉、Jesse、Jocelyn、Jenni、Richard、Goldie：感謝你們向我敞開家門，在我飛到另一岸時陪我共進晚餐。

Samin，感謝妳的善良，感謝妳介紹Greta。Greta，謝謝妳在人生中為我保留一席之地。

Alexis，妳告訴我，我辦得到，我也傻傻地相信妳。謝謝妳把Anthony和Poppy帶入我們的家庭。

夏妮，我們該如何向救命恩人道謝？我不知道，但我知道妳就是我的家。

最後，安。我們做到了。我們當然辦得到。

我他媽的太愛你們所有人了。

安要感謝

Gail Ross，感謝妳提前買入（早在二〇〇九年），多年來不斷催我提案讓妳推銷，在我真的提案之後，又如此熱情支持。感謝許多編輯，我今天能成為作家多虧他們：Sarah Blustain、Mark Schmitt、Dana Goldstein、Stella Bugbee、Maureen O'Connor、Molly Fischer、Penny Martin。感謝Feministing的原始配方和《明天雜誌》團隊，他們教我合作的力量。感謝Laura Bertocci幫忙編輯，感謝Jacque Boltik在技術方面提供協助。

布麗姬，感謝妳成為我基礎最深厚的朋友，謝謝妳總是無條件地支持我，不多加批評，我該怎麼謝妳？賈許，你向來是魔法的使者——那是我人生半世紀以來真正的光。拉拉，我喜歡我們口齒不清地說「我向妳承諾」時都很認真。莎拉，妳的為人無限慷慨，我佩服妳總是由衷地感到快樂，又堅如磐石般的可靠。Beth，謝謝妳為我樹立榜樣，讓我知道什麼是真正支持自己關心的團體，我很榮幸能待在妳身邊。CPR，感謝你永遠是FSE；Nikki，謝謝妳以最棒的方式保持怪異。Hilda，上次車子停在我家外面時，謝謝妳那番話。J. Ryan，謝謝你邀請我加入你的作家社群。Tamara，感謝妳提出最好的問題，謝謝妳總是幫我留位子。Jade，我喜歡和妳一起出謀畫策。Kenesha、

Stacy、Mercedes、Ryan、Aiesha、Colleen、Jorge、Ben、Amelia、Lauren、George!、Jen、Samhita，以及其他許多親愛的朋友。謝謝你們陪我散步、吃飯和時機掐得剛剛好地傳簡訊過來。謝謝，這些小事一點也不瑣碎。你們對我有深遠的影響。

感激我的家人。爸媽，感謝你們告訴我，值得的事物不是永遠來得輕鬆如意，感謝你們深深愛著我，感謝你們為我樹立了慷慨的榜樣，感謝你們教我努力待在重要的人身邊。

Will，謝謝你對我的工作比我還興奮，（你是怎麼辦到的？）感謝你做了超過你分內的行政工作，謝謝你勸說我，鼓勵我，感謝你在事前先為我加油打氣，感謝你在最混亂的時候臨危不亂。我很慶幸我們有機會一起經歷這件事。

艾米娜托，妳對我很重要。謝謝妳做的每件事。

我好愛你們每個人。

CF00461

我們是真正的朋友：致最好的人生、最好的自己，以及最美的友情

作　者—艾米娜托・蘇、安・傅利曼
譯　者—林師祺
主　編—郭香君
責任企劃—張瑋之
封面設計—海流設計
內頁排版—新鑫電腦排版工作室

編輯總監—蘇清霖
董 事 長—趙政岷
出 版 者—時報文化出版企業股份有限公司
108019台北市和平西路三段二四〇號七樓
發行專線—（〇二）二三〇六—六八四二
讀者服務專線—〇八〇〇—二三一—七〇五
（〇二）二三〇四—七一〇三
讀者服務傳真—（〇二）二三〇四—六八五八
郵撥—一九三四四七二四時報文化出版公司
信箱—10899臺北華江橋郵局第九九信箱

時報悅讀網—http://www.readingtimes.com.tw
綠活線臉書—https://www.facebook.com/readingtimesgreenlife
法律顧問—理律法律事務所　陳長文律師、李念祖律師
印　刷—紘億印刷有限公司
初版一刷—二〇二二年十月二十一日
定　價—新臺幣三八〇元

時報文化出版公司成立於一九七五年，
並於一九九九年股票上櫃公開發行，於二〇〇八年脫離中時集團非屬旺中，
以「尊重智慧與創意的文化事業」為信念。

我們是真正的朋友：致最好的人生、最好的自己，以及最美的友情 / 艾米娜托・蘇(Aminatou Sow), 安・傅利曼(Ann Friedman) 作；林師祺 譯. -- 初版. -- 臺北市：時報文化出版企業股份有限公司, 2022.10
面；　公分.
譯自：Big friendship : how we keep each other close
ISBN 978-626-335-890-4（平裝）
1.CST: 人際關係　2.CST: 友誼　3.CST: 女性
177.3　　111013765

Big Friendship

Published by arrangement with William Morris Endeavor Entertainment, LLC.
through Andrew Nurnberg Associates International Limited

ISBN 978-626-335-890-4
Printed in Taiwan